吴亭仪 编著

基金定投

财富增长精进指南

化学工业出版社
·北京·

内 容 简 介

股市风险高，涨跌瞬息万变，很多投资者都抱怨自己像在坐"过山车"，心情起伏很大。于是，有些投资者将目光放在了基金定投这种比较安全、收益比较稳定的投资方式上，希望自己手里的钱能够保值、增值。

但是，对于广大投资者来说，做好基金定投并没有那么容易，其中有很多技巧和方法。《基金定投：财富增长精进指南》以基金定投为核心，讲述了与之相关的各方面内容，可以帮助投资者提升基金定投能力。本书深入浅出、简单易懂，非常适合投资"小白"、基金从业人员、想通过基金定投做理财的读者，以及其他对基金定投感兴趣的读者阅读。

图书在版编目（CIP）数据

基金定投：财富增长精进指南 / 吴亭仪编著. —
北京：化学工业出版社，2022.10
ISBN 978-7-122-41851-7

Ⅰ. ①基… Ⅱ. ①吴… Ⅲ. ①基金 - 投资 - 指南
Ⅳ. ①F830.59-62

中国版本图书馆 CIP 数据核字（2022）第 123743 号

责任编辑：刘　丹　　　　　　　　　　　　装帧设计：水长流文化
责任校对：宋　夏

出版发行：化学工业出版社（北京市东城区青年湖南街 13 号　邮政编码 100011）
印　　装：天津画中画印刷有限公司
710mm×1000mm　1/16　印张 13　字数 156 千字　2023 年 1 月北京第 1 版第 1 次印刷

购书咨询：010-64518888　　　　　　　　　售后服务：010-64518899
网　　址：http://www.cip.com.cn
凡购买本书，如有缺损质量问题，本社销售中心负责调换。

定　　价：68.00 元　　　　　　　　　　　　　版权所有　违者必究

前 言

随着经济的不断发展，大家手里的闲置资金较过去有了不小的增长，投资已经成为很多普通人希望掌握的一项重要技能。但仍有些人觉得，我没有很多钱，投资与我无关。这种错误的想法是阻挠他们开启投资之旅的重要原因之一。

在投资理财的过程中，钱的多少其实不是最重要的，最重要的是迈出投资的第一步。互联网金融在不断发展，投资门槛大幅降低，几乎所有人都可以参与其中。此时你可以根据自己的资金量，选择适合自己的投资方式。那么，究竟什么是适合自己的投资方式呢？

基金定投作为众多投资方式的一种，用亮眼的业绩证明了自身的价值与潜力，一跃成为街头巷尾被津津乐道的热点话题。即使是精通投资之道的股神巴菲特，也曾经多次在公开场合推荐人们选择基金定投。

很多投资者受到巴菲特的影响，开始关注基金定投。但不得不说，"几家欢喜几家愁"的故事也在基金市场不断上演。根据笔者多年来的经验，基金定投成功与否，和很多因素息息相关。

例如，有些投资者无法接受短期浮亏，在不恰当的时机暂停定投；有些投资者在定投期间盲目加仓，随意变更定投金额；有些投资者不够专业，选错了定投基金……这些情况都很可能导致基金定投出现亏损。

基金定投不是稳赢的投资方式，投资者要想通过基金定投获利，就必须事先对其有较为全面的了解，并掌握一些实用的方法和技巧。否则基金定投持续越久，亏损可能反而越多。

为了帮助投资者更好、更安全地完成基金定投，本书详细介绍了基金定投的相关知识，包括如何选择基金产品、如何制订定投计划、何时应该卖出基金、如何做好组合定投等。

通过阅读本书，希望大家可以对基金定投有更深入的了解，能够轻松掌握基金定投的核心逻辑和操作方法，并能以较快的速度找到适合自己的基金。笔者真心希望本书能够为大家带来实实在在的能力提升，也希望大家在基金定投之路上走得更好、更远。

编著者

目录

第1章

基金定投：

如何让财富"滚雪球"

基金定投有"属于懒人的投资"的别称，与银行的长期储蓄业务有一定的相似性。它能够帮助投资者积累资金，平摊投资成本，很好地降低投资过程中存在的风险，非常适合被纳入投资者的长期投资计划。

此外，基金定投产生的稳定收益也能进一步减轻投资者的日常收支压力，帮助投资者实现资产增值的目标。本章将带领读者认识基金定投，使读者走近这种独特的投资方式，尽快开启自己的投资之旅。

1.1 基金定投的关键知识点

从定义上来看，基金定投是指在固定的时间（如每周一或每月5日），以固定的金额（如500元或1000元等）投资到固定的基金中。这种投资方式可以保证无论市场上的基金价格发生了怎样的变化，投资者最终投入的平均成本总是能被不断压低。

因此，基金定投可以将基金净值的高低起伏变化压平，克服市场的波动对投资造成的影响。这样只要投资对象在整体趋势上是增长的，投资者获得的收益就能保持稳定增长，也无须担忧入市择时对收益的影响。另外，由于投资的基金是分多次买进的，总体风险能低一些，比较适合新手投资者。

1.1.1 基金定投的基本概念

华尔街曾流传这样一句话，"投资者想要精准地踩点入市，比在空中接住一把飞刀更难"。但如果投资者分批买入，就避免了只能在一个时点买进和卖出的尴尬，从而做到均衡成本，使自己在投资中立于不败之地。这就是定投法。

投资基金的方式有两种，即单笔投资和定投。单笔投资指的是找准市场中较低的时点，一次性投入大笔资金，等待市场回升后获得收益；定投指的是选择固定时间分批投入一定资金（如每月投资100元），长期持有，逐渐摊平投资成本，并因基金长期的上涨趋势而获得收益。

由于定投这一方式的起点低，较为简单，它也被称为"小额投资"或"懒人理财"。与单笔一次性投资相比，定投虽然收益不会太惊人，但它降低了投资者对进场时机判断失误的风险，可以很好地控制整体风险，平摊投资成本。因此，定投可在一定程度上抵消市场波动，只要投资者选择的基金整体呈上升趋势，投资者就能获得相对稳定的收益，不必再为无法确定入市时机而苦恼。

基金定投是一种非常适合普通投资者的投资方法。普通投资者因获取的市场信息有限，经常在市场高点买入，低点卖出，导致投资失败。而基金定投是定时定额投入，资金分批进入市场，所以当市场整体下跌时，基金会越买越便宜，在一定程度上弥补在高点买入的成本，让投资者在市场整体回升后能获得胜过单笔一次性投资的回报率。

例如，小张每个月投资100元到一只基金，最近6个月购得的份额数分别是100份、105份、111份、108份、95份、90份，累计份额数为609份。由小张每次购得的份额数可知，这只基金从1元每份上涨到了1.1元每份。这样可以得出这6个月定投的投资回报率为（$1.1 \times 609 - 600$）$\div 600 \times 100\% = 11.65\%$，而一次性投入600元的投资回报率为（$1.1 \times 600 - 600$）$\div 600 \times 100\% = 10\%$。

可见，对于长期呈震荡上升趋势的我国市场而言，基金定投非常适合普通投资者做长期投资理财计划，既能保证收益，又简单好操作。

1.1.2　规避基金定投的风险

基金定投的风险较低，适合投资新手入门。但是，这并不代表他们在投资时就可以毫无顾忌、随意操作。无论进行哪种投资，投资者都要用付出换取回报。在进行基金定投时，以下三点注意事项可供投资者参考。

1. 不要过于注重短期收益

基金种类繁杂，很多投资者在筛选时会以当前收益的多少为依据，其实这并不是最好的方法。选择基金应该主要关注长期收益。可能从短期来看，收益差距并不明显，但随着时间的延长，差距会慢慢变大。

2. 投资不要盲目地集中，也不要过于分散

无论什么样的投资都是有风险的，只是风险有大有小。尽管与单一的股票相比，基金的投资风险较低，但并不代表我们就可以盲目地进行集中投资。同时，我们也应注意投资不要太过于分散，否则容易降低收益率。

3. 要有合理的风险评估

我们在投资前应该认真评估自己能承受多大的风险、可以等待多久。如果亏损超过了预期值，我们能不能承受。定投需要的是耐心和时间。如果自身风险承受能力较低，又没有多余的时间和耐心，那么不建议大家尝试这种投资方法。

1.1.3 选择基金的技巧

在产品逐渐丰富的基金投资市场中，基金的种类日渐增多，挑选难度也相对应地变大了。投资者在选择时通常会有两个标准：一个是选择投资跟踪成长性较好的基金，但筛选难度相对来说也会较大；另一个是选择投资跟踪误差比较小的基金，即收益率与标的指数收益率之间的偏差比较小的基金。一般来说，跟踪误差与管理该基金的经理的综合能力相关，跟踪误差越小，投资者才越有可能实现自己的目标。

那么，投资者应该如何在品类众多的基金中选择最适合自己的呢？具体可以从以下几个方面入手。

1. 关注基金实力

无论投资者选择什么基金，基金实力都应该是投资者首要关注的，而影响基金实力的一个重要原因，就是其背后基金公司的实力。如果基金公司实力较强，那么其旗下基金的跟踪效果往往也会更加出色。如何筛选优质的基金公司，我们会在本书第3章进行详细介绍。

除基金公司外，基金本身的实力也可以从许多细节窥见一斑。想要判断基金实力，投资者主要可以参考以下三个指标，如图1-1所示。

不要选规模过小的基金	成立年限在3年以上	参考各种评级系统

图1-1　判断基金实力的指标

（1）不要选规模过小的基金。如果基金规模过小，就非常容易面临被清盘的风险，因此，建议投资者选择规模在1亿元以上的基金，其状态相对稳定。

（2）成立年限在3年以上。成立时间很短，甚至小于1年的基金，投资者最好不要考虑，能够经受住时间考验的才是真正优质的基金。大环境的变动对基金的表现影响很大，如果一只基金连续3年及以上都能保持较良好的状态，那就说明这只基金已经遇到了多种多样的市场环境，比较能够淡化大环境的影响，风险较小。

（3）参考各种评级系统。以晨星评级为代表，基金领域有许多评级与排名系统，它们是重要的基金评判依据。很多人在选基金时都将晨星5星评级作为参考标准。但需要注意的是，这种评级大多针对的是基金的过往历史，并不能完全反映它此时的好坏，投资者应当在其基础上根据具体问题进行分析。

2. 关注基金费用

基金投资的费率一般不高，目前主要包括交易费用和管理费用。交易费用主要指的是申购费和赎回费，管理费用主要指的是基金管理费和托管费。在选择基金的过程中，我们可以将费用高低作为其中一个选择依据，以求尽量减少投资成本。当然，投资者应当注意的是，节约成本固然重要，但保持良好的收益才是最主要的，绝对不能只顾追求较低的费用而盲目投资。

3. 关注标的情况

标的是基金的灵魂所在。投资者要观察基金的拟合度，结合自己跟踪的标的判断投资决策是否精准，这是评价基金的一个最核心的标准。

对于优秀的基金来说，它的涨跌与它所跟踪的标的应该是完全重合的。这样可以大大节省投资者的精力，只需关注标的的涨跌情况，就可以及时合理地控制盈亏比例。评价基金优劣的核心在于其标的的质量，因此，投资者在挑选时必须先了解其对应的市场状态。此外，投资者还可以通过将各种不同类别的基金按一定比例搭配在一起来合理配置投资资产。

1.1.4 关注受欢迎的指数基金

在证券市场中，证券产品琳琅满目，且价格一直在变动，存在太多变数，而指数可以应对这些变数。指数是由金融服务机构编制的可以反映市场整体涨跌情况和产品价格走势的一种指标。投资者可以根据指数检验自己的投资效果，也可以根据指数的历史数据预测市场的未来发展方向。指数基金（Index Fund）与指数息息相关，是一种以特定的指数（如沪深300指数、标普500指数、纳斯达克100指数）为标的，并以该指数的成分股为投资对象，通过购买该指数的全部或部分成分股构建投资组合，以追踪该指数表现的证券产品。

指数基金目前已经成为基金定投的首选类型，其运作原理决定了它相对于其他基金能够更有效地消减许多非系统风险。因为它受人为因素干扰较少，主动性较差，大部分情况下都只是被动地跟踪指数，在整体保持增长趋势的经济环境下，投资者坚持长期定投必然能获得较理想的收益。

此外，指数基金的交易费用较低，操作也很简便，在资金与管理方面的投入较少。通过观察长期的历史数据可以发现，指数基金的投资业绩表现也常常更优于其他基金。因此，投资者若想进行长期定投，选择指数基金会更稳妥。

具体来讲，指数基金主要有以下两点优势。

1. 指数基金会定期更新，有"长生不老"之称

指数基金和股票非常相似。指数基金虽然是以基金的形式存在，但如果是场内基金，那么也可以在交易时采用与股票相同的形式。

我们以道琼斯指数为例进行观察。它诞生于1884年，最初只有12个成分股，从40.94的初始点数起步。100多年过去了，到今天依然存留着的只有通用电气，其他11个成分股先后走向了衰落，而道琼斯指数的点数也慢慢涨到了今天的3万多点，如图1-2所示。

图1-2　道琼斯指数

　　也就是说，一家公司不管多么辉煌，都是有生命周期的。如果这家公司的业务发展方向或者产品质量水准不能紧跟时代的发展变化，就会被市场淘汰。但是基金不会如此。指数基金并不是只有固定的单一股票，而是容纳了符合指数标准并且表现好的多只股票。编制者将这些股票放到组合里，并且每隔一段时间会重新做一次筛选。当某个股票的指标不再符合要求时就会被剔除，然后再重新纳入其他符合要求的优质股票。指数基金不是一成不变的，会一直不停地进行新陈代谢，选出那些符合时代潮流的股票，永远不会落后于市场，所以我们说它"长生不老"，像一棵常青树一样。

　　因此，买了股票持有不动和买了指数基金持有不动，二者背后的风险和最终带来的结果是完全不同的。前者如果遇到"黑天鹅"事件或者该公司因为财务发生问题导致退市，那么投资者的致富梦就成了一场空。但是，后者就不用担心这样的问题，因为它会自动进行自我更新，可以将风险控制在最小范围内，甚至扼杀在摇篮里。

2. 指数基金能够有效地规避风险

　　（1）指数基金可以最大限度地压缩个股的"黑天鹅"风险。"黑天鹅"事件通常是无法预测的，对于个人投资者来说，这种事件一旦发生，基本上就是灭顶之灾。指数基金分散投资的特性可以在一定程度上消减这种风险。它的组合里多达上百只股票，就算某一只成分股遭遇"黑天鹅"事件，也不会对整体收益造成特别大的影响。

　　（2）指数基金可以降低损失投资本金的风险。指数基金总是不断地吐故纳新，把优秀的、符合指标要求的股票纳入基金组合，并把不符合的踢出去。依此来看，投资者几乎不用为股票退市、本金损失的风险而担心。

　　（3）指数基金受人为因素影响很小，可以规避制度风险。指数基金里并不是单一的股票，难以进行人为操控，所以可以有效规避人为风险。

1.2 基金定投的获利原理

投资的方式众多，每种方式都有其相对应的收益率。我们在进行基金定投前要了解其盈利逻辑，以复利思维为基础分析这种投资方式是不是真的可以赚钱。

1.2.1 复利的秘密

复利是一种较常见的计算利息的方式，等同于我们常说的"利滚利"。其要点是在计算某一个周期的利息时，所使用的本金数额包含之前获得的利息额。也就是说，我们在投资时要把上一期投资结束时的本利和作为下一期的本金。

因此，复利计算有一个主要的特点——每一期本金的数额都是不同的，其公式如下。

$$F = P\left(1+i\right)^n$$

代入到投资领域：F（Future Value）为终值，即未来的最终投资收益；P（Present Value）为现值，即现在的初始投资金额；i（interest rate）为利率，即每段周期内的投资收益率；n（Number）为期数，即投资期限数。

复利投资就像滚雪球，在坡道上越滚越快、越滚越大，它看起来简单，但你首先要找到湿度刚好的雪以及足够长的坡道。

沃伦·巴菲特的最佳搭档，美国投资家查理·芒格曾说："明白了复利的威力和想要取得它的难度，就是认识其他投资事项的开端。"

哈佛商学院教授曾提出一个问题，靠一张白纸能到达月球吗？从理论上讲，答案是能。一张白纸的厚度约为1.104mm，假如我们拥有一张足够大的白纸，将其对折42次后，累积的厚度可以达到约45.7万千米。而地球到月球的距离为38.4万千米，远远小于对折后的纸的厚度。

通过上述事例可以发现，如果我们以复利的方式持续累加投资，就会获得相当惊人的效果。即使基数很小，只要坚持投资，也能达到令人意想不到的水平。"最重要的一个成功因素是复利"。既然复利如此厉害，那是不是复利越高越好呢？并不是这样。复利过高，很可能就是一个陷阱。

在一个有限的世界里，过高的复利最终会压扁它自己的支撑点，从而走向自我毁灭。

证券市场的过往数据表明，沃伦·巴菲特作为闻名于世的投资者，他创造了市场中常年投资报酬率的最高纪录，但那也仅有24%左右。普通投资者能保证复利长期较高地增长就已经是相当成功的业绩，想要通过暴利加速复利增长难于登天。投资者一定要摆正心态，不可对其抱有过 高的幻想。复利对我们的启示如下。

1. 保持长期稳定投入

要想在基金定投上获得成功，不可能只靠一两次的胜利，而要靠长期稳定投入来保持复利增长。

2. 不要寄希望于长期获得高复利增长

由于市场一直在变化，要求复利增长长期处于高位是不现实的。所以，投资者在获得了非常可观的收益后，首先需要思考的是如何稳固现有的收益，保证其不再流失，而不是心急于迈上更高的台阶。

3. 不要对理财产品的成长速度期望过高

依据很简单的数学计算可以发现，如果理财产品的收益每年增长一倍，第五年时收益将变为最初的16倍，第十年将变为最初的512倍，这在现实中是不可能发生的。所以，已经抓住了机会低位买入、手中持有了好股的投资者，既不要设定过高的止盈点，也不要每天紧盯着市场，对自己的理财产品快速上涨抱有过多期盼，最后失去耐心，反而过早抛出。

4. 在基数小的情况下也要从复利角度考虑问题

较高的复利水平更容易产生在基数小的情况下，但也正因为基数太小，大部分人都很难重视它。如果投资者不能学会从复利角度思考问题，那将会错失许多机会，甚至自己都没有察觉。

1.2.2 影响基金定投收益的原因

任何投资都不可能稳赚不亏。通过观察可以发现，大部分投资者在基金定投中遭遇失败多出于下面5个原因。

（1）没能长期坚持，无法接受短期浮亏，暂停定投，结果追高被套。

（2）选错了定投基金标的。

（3）不懂止盈，不会卖出。

（4）在投资过程中随意加仓，经常变更定投金额。

（5）不择时入场，拉高持仓成本。

投资者坚持的时间长度是影响基金定投平摊风险、取得收益的一项重要因素。但是，仅仅依靠时间还不够，筛选投资标的、预设合适的止盈点以及选择最佳买入时间点等环节同样十分重要。

在进行基金定投时，我们可以主要参考以下几个原则。

1. 优先选择宽基指数

宽基指数的成分股囊括了各种行业，能有效减弱"黑天鹅"事件的影响。我们常见的宽基指数有上证50指数、沪深300指数、中证500指数等。

2. 优先选择有张力的指数

张力，即指数的波动弹性。基金定投是一种具有持续性的长期投资，一定幅度的高低波动能帮助投资者更好地压低平均成本。

3. 从低估值开始

投资者需要参考衡量估值的两个主要指标：PE（市盈率）和PB（市净率）。在本书的第五章会对二者进行专门讲解。

4. 达到预期收益目标即刻卖出止盈

当指数的市盈率和市净率处于高位时投资者应开始卖出，具体需要结合指数数据走势。一般来说，牛市的末尾就等同于价值高估与市场泡沫的情况。另外需要注意的是，在投资热情异常高涨、全民都踊跃参与到股市中时，很有可能就预示着市场行情即将迎来末端。投资者可以选择一次性卖出所有基金，也可以选择分多次出手，具体做法要结合个人对市场状况的判断和分析来进行。

1.3　基金定投的主要优势

公开的统计数据显示，我国市场大约经历了11次的牛熊转换，牛短熊长，历史上最短的牛市甚至仅有3天，投资者很难把握行情。想通过一次性买入获利的投资者，必须踩准市场节点，但这却是即使同时拥有运气与实力也很难做到的事情。所以，普通投资者还是需要用定投的方式为自己保驾护航。

基金定投被大多数人认为是所有投资方式中最适合工薪阶层的一种，以下将从4个方面总结它的优势。

1.3.1　可以自动申购，坚持下来比较容易

基金定投可以通过第三方平台或者基金公司设定按固定时间自动申购，这对于投资者来说十分便捷。相比于其他投资方式，基金定投更容易长期坚持下去。其在申购上的优势主要体现在两个方面。

1. 手续简单，操作便捷

如果投资者想进行基金定投，只需按规定办理相关手续，并设置好定投时间即可，此后所有定期的申购与扣款行为均会由系统自动完成。定投周期最常见的为每月一投，除此之外也有每半月一投、每季度一投等其他选择，以具体情况为准。因此，基金定投也被大家称作"懒人理财"，发挥着其手续简便的优势，吸引着想要投资的工薪阶层。

2. 省时省力

投资者成功办理定投手续后，系统会根据投资者预设的选择，在固定的时间内自动扣取设定好的金额。投资者唯一需要做的就是确保绑定的银行账户内余额充足。这可以大大减少投资者的时间和精力消耗，非常适合忙碌的工薪阶层。

现在大部分与定投相关的操作都可以在线上完成，如绑定银行账户、设置申购日与申购金额等信息、进行申购与赎回等操作等。除此之外，线上平台还可以进行基金账户余额查询、基金净值查询、变更分红方式等多项操作，为投资者带来了很大的便利。

1.3.2 起购价格低，可以有聚沙成塔的效果

基金定投重视长期积累，主要理念为积少成多。它具有以下几个优势。

1. 定期投资积累

由于基金定投具有一定的强制性，投资者每到固定的时间就会有意识地将闲置资金收集起来，并通过投资使其达到保值、增值的效果，聚沙成塔，细水长流地积攒一笔不小的财富。

2. 复利效果

基金定投的收益主要源自复利原理。投资本金所获得的利息归入本金产出新的利息，再继续归入本金，如此循环下去，达到利滚利的效果。最初的收益也许并不高，但随着时间的推移，其效果会越来越明显。因此，投资者应当长期坚持下去，不宜因市场的暂时性波动而随意终止定投计划。只要从

长远来看前景是光明的就不必担忧，短暂的下跌恰恰是投资者拉低平均成本的好时机。一旦触底反弹，投资者就能迅速获得可观的利润。

3. 交易门槛低

基金产生的"土壤"是广大的普通投资者，其目的是让资金有限的人也能够参与获取经济发展带来的红利。同时，基金业在我国仅有20多年的发展历史，在短时间内迅速崛起壮大，大量资本涌入该行业，竞争尤为激烈。因此，低门槛成了许多基金公司吸引客户的常见方式。

目前各大银行及证券公司都在积极发展各自的基金定投业务。它们的门槛普遍都很低。例如，中国工商银行每月最低投资金额达到200元即可办理定投业务。

如今以支付宝为代表的新一代理财平台，改变了过去动辄上万元起的购买方式，扩大了可以购买基金的人群，同时也增加了各类基金的体量。例如，支付宝开展的10元"轻定投"项目就极大地降低了参与门槛，吸引了许多投资者。

这里需要强调的是，不是任何一种基金的起步价都是10元，上千元的基金和理财产品依然有很多。大家应根据实际情况按需购买，擦亮双眼，谨防被价格销售手段欺骗。

1.3.3 分批买入模式有利于摊薄成本

定期投入的基金有两个优势，一个是可以很好地分散风险，另一个是有利于投资者分摊成本。依照高抛低吸的策略，基金定投很好地控制了市场下跌可能产生的不确定性，同时降低了预期风险，利于长期投资。同时，通过多次定期投入、多仓配置，投资者可以大大摊薄基金的投资成本。

投资者在投资基金时，收益一般按比例计算，净值与收益高低关系不大。例如，投入10元赚10%与投入20元赚5%，收益都是1元，但前者比后者的收益率高。二者的差别在于，投资基金更关注比例而非绝对值。我们谈论的摊薄成本也并不是指成本的绝对值，而是指相对的平均成本。

基金定投的成本是一个调和平均数。它在所有平均数中是最小的一个。举个例子，投资者以一定的金额进行定投（得到调和平均数成本），买入一定份额的基金（得到算术平均成本），前者小于后者，这就是我们所说的摊薄成本。在无法预测价格变动的情况下，投资者越尽可能地降低成本，也就越不容易亏损，甚至获得更多的收益。

1.3.4 风险低，不必过于关注投资时点

投资者想要获得盈利，就要能做到"低买高卖"。但投资者在实际操作时，想要及时分辨出最佳的买卖点是极为困难的。基金定投可以在很大程度上将投资成本拉低、摊平，将市场波动带来的投资风险压低。同时，它也可以降低投资者因情绪变化而产生不理智交易的频率。

投资者通过周全的基金定投计划可以降低人为的主观判断失误风险。基金定投是着眼于长期发展的投资方式，投资者无须过于担心投资时点的错误，无须过于看重市场价格的高低，更无须因短期的不稳定而变更长期的计划。

基金定投的要点是选取一段合适的、完整的投资周期。在此基础上，投资者只要付出足够的时间成本，坚持自己最初定下的策略，不为暂时的变化所动摇，就可以换来回报。

第 2 章

指数基金分类：

了解指数基金的家庭成员

指数基金品种繁多，分类方式也多种多样。本章将带领大家认识指数基金的家庭成员，帮助大家更好地进行基金定投。

2.1 易混淆指数基金

在众多的指数基金中，有两组指数基金较常见且易于混淆，本节将分别对其进行比较分析，总结其不同之处与各自的优势。

2.1.1 ETF基金与ETF联接基金

按照交易机制的不同，指数基金可以被划分为如表2-1所示4类。

表2-1 按照交易机制划分的4类指数基金对比

分类	交易市场	交易方式
封闭式指数基金	二级市场	现金
开放式指数基金	基金公司申购赎回	现金
指数型ETF[1]	二级市场/基金公司申购赎回	组合证券
指数型LOF[2]	二级市场/基金公司申购赎回	现金

由表2-1可知，指数型LOF的交易方式是4类指数基金中最灵活、最便捷的。投资者既可以在二级市场直接与其他投资者进行交易，还可以利用第三方代销平台等途径进行交易。指数型ETF虽然可采用的途径很多，但相比之下，其交易过程更烦琐，申购与赎回不能直接用现金操作，均需要转化为对

---

[1] ETF，即Exchange Traded Fund的缩写，意为交易型开放式基金。

[2] LOF，即Listed Open-Ended Fund的缩写，意为上市型开放式基金。

应的股票。封闭式指数基金与开放式指数基金的交易方式则相对较单一。

近些年，ETF基金十分热门，吸引了许多投资人。然而大家可能发现，在投资市场中除了ETF基金，还有一种产品名为ETF联接基金。这二者之间到底有什么区别呢？

1. ETF联接基金主要以ETF基金为投资对象

ETF基金全称为交易型开放式指数证券投资基金，又被称作交易所交易基金。它是一种较特殊的开放式基金，可以在二级市场进行交易，其份额也是可变的。它兼具了股票、开放式与封闭式指数基金的优势和特色，投资策略多种多样，投资效率高、效果显著。目前，市场上有很多只ETF基金，包括常见的上证50ETF、沪深300ETF、中证500ETF、创业板ETF等。

ETF联接基金与ETF基金不同，但又有着极大的相关性。ETF基金的主要投资对象是指数成分股，而ETF联接基金的主要投资对象则是与自己跟踪同一标的的指数的ETF基金。简单来讲，ETF联接基金就是将大多数（一般至少为90%）的资金都投资于ETF基金的基金。

ETF基金和ETF联接基金都尽可能地密切跟踪着同样的指数，并力求与其拥有相同的走势。运作方式也与开放式基金相同，投资者可以根据个人需要随时进行交易操作。

总之，上述二者在类别上都属于基金，但ETF联接基金的主要投资对象是对应的ETF基金，是基金中的基金。

2. ETF联接基金的跟踪误差相对较大

因为ETF联接基金的运作方式开放，所以为了应对随时可能产生的赎回需求，其最高仓位通常为95%，无法满仓操作。

ETF基金的申购和赎回流程则较复杂。它需要投资者通过购买股票换取基金份额，也需要投资者通过将赎回的股票卖出换取现金。正因如此，ETF基金无须存留现金来应对突然产生的赎回需求，所以最高仓位可达100%。

这种差异的存在就会导致，在一般状态下，ETF联接基金的跟踪误差会稍大一些。但因为有可能是正误差，所以这并不一定是坏事。ETF联接基金的资金除投资于对应ETF基金的90%左右外，剩余的部分还可以用来进行主动投资，以博取超额收益。

3. ETF基金和ETF联接基金的交易平台不同

ETF基金通过股票账户即可购买，但它的缺点是无法进行定投。ETF联接基金则没有这种顾虑。ETF联接基金通过基金销售平台交易，一般都可以提前设置好相关信息。投资者未来只要确保所绑定的账户资金充足即可，系统会自动按先前设置好的信息替投资者进行定投操作。

4. ETF基金和ETF联接基金的交易费用不同

ETF基金只涉及佣金这一项费用，而ETF联接基金还需要缴纳申购费与赎回费。一般申购费的费率范围为1%～1.5%，部分平台会有折扣，以购买时的实际情况为准。赎回费的收取标准与持有时间有关，通常持有时间越短，赎回费就越高。一般来讲，如果持有时间不满7天，则收取1.5%的赎回费；不满1年，则收取0.5%的赎回费；2年以上，赎回费便可降为0。

相对来看，ETF联接基金在交易时需要缴纳的费用整体较高，不适合投资者用来进行交易行为频繁的短线投资。很多基金公司也考虑到了这一点，为了满足短线投资者的需求，将ETF联接基金分成了A份额和C份额两个部分，资金合并运作。二者唯一的不同在于交易费用。A份额部分会向投资者收取申购费与赎回费，适合用来进行长期投资。C份额部分不收取申购费，达到一定的持有时间后也不收取赎回费，适合用来进行短期投资。但投资者需要缴纳每年0.2%～0.4%的销售服务费，按天计算。

那么，投资者应该怎么选择这两种基金？

一般来讲，投资者要进行场内交易可选择ETF基金，场外交易可选择ETF联接基金。ETF基金比较适合有实力的投资机构或有一定专业水准的投资者，而ETF联接基金则要求较低，更适合大部分普通投资者。

同时，投资者一定要参考以下几点。

（1）ETF基金由于费率低，跟踪误差也较小，更适合用来把握短期波段的收益。

（2）ETF基金可以在日内盘中实时交易，但投资者也需要密切关注二级市场的成交量。

（3）ETF联接基金在定投方面更具有优势。

投资者可结合以上要点根据自身情况选择最适合自己的基金。

2.1.2 完全复制型指数基金和增强型指数基金

将指数基金按照复制方式进行分类，可以分为完全复制型指数基金和增强型指数基金两种。

完全复制型指数基金的主要投资方式为，将所跟踪指数的全部或大部分成分股作为自己的投资对象，在此基础上构建自己的投资组合，力求获得和所跟踪指数一样的收益。

完全复制型指数基金采用的投资方式是被动的。它试图通过将所投资的成分股全部按照标的指数的权重进行配置、调整，对指数进行模仿，以达到尽可能缩小跟踪误差、与标的指数走势完全统一的目的。虽然最终结果会因为投入比例变化而产生偏离，但差距极为微小。

增强型指数基金则更为进取。它将自己的大部分资产参照所跟踪指数的权重分布进行配置，并在模仿所跟踪指数的基础上，划分出一小部分资产进行额外的投资，力求通过基金经理的主动投资策略，获得能够超越原指数业绩的收益。该类基金投资自主性较强，没有一个固定的模式。

增强型指数基金将被动与主动的投资方式结合在了一起。在不逾越原投资策略的基础上，有意识地小幅度使用积极主动的增强手段，以完成最终的收益目标。也正因此，它有更强的灵活性。

除了关注二者本身的投资策略外，投资者在配置基金时的挑选策略也应当有所区别。

完全复制型指数基金在挑选时，主要需要关注投资的时点和标的的选择。考虑到其被动的投资策略和牛市的特性，投资者在实施投资前先要判断后市（指未来的市场情况）是否看涨或看多。如果投资者在分析后，看好后市并且判断市盈率也比较低，便可以介入，然后再挑选符合自己投资风格的指数标的进行组合配置，主要需要参考的是投资者自身偏向成长性还是稳健性。

除了判断时点和筛选标的，投资者还要观察基金经理本身的投资能力，主要包括他的择时与择股眼光，还有他对增强策略的设计。

基金经理常用的增强策略有以下两类。

一是选择股票进行投资。在按跟踪指数进行了部分资产分配的基础上，基金经理可以将剩余资产投向有升值潜力的个股、板块，还可以通过在不同类型、不同方向的股票上调整仓位来提高投资效率。

二是进行金融衍生产品的投资。基金经理可选择买入看多的股票价格指数期货。因为其拥有一定的杠杆效果，所以要想复制指数的表现，所需要的资产并不多。剩余的资产可以用来投资到固定收益类的证券产品或者货币市场中。只要其最终的收益大于购买股票价格指数期货的成本，投资者就完成了增强投资效果的目标。

基金经理采用的增强策略一般会在合同中注明，投资者在选择时可以多加关注。

如果基金经理操作得好，就可以在牛市时给客户带来比对应指数更高的收益，在熊市时也能为客户减少损失。但如果基金经理的能力偏弱，那么增强型指数基金的表现很可能不仅不会超越对应指数，甚至还会劣于完全复制型基金。所以，投资者挑选这类基金的难度会更大一些。

从目前的市场数据来看，增强型指数基金的整体收益表现水平还是要比完全复制型指数基金高的。投资者在选择时应当综合多方面因素进行评估，充分考虑自己的风险承受能力。

2.2 行业指数基金

行业指数是按公司的主营业务进行划分的指数，表现一个行业的股票走势，一般来说较常见的有以下几类：必需消费行业的指数基金、医药行业的指数基金、可选消费行业的指数基金、养老行业的指数基金、银行业的指数基金、证券行业的指数基金、保险行业的指数基金、房地产行业的指数基金等。

外资买入最多的4大行业分别为必需消费、可选消费、金融、医药。从历史收益的角度来看，这四个行业的长期收益水平也基本稳定于领先位置。因此，普通投资者也应该将其作为参考，主要从这四个行业中挑选行业指数基金。

2.2.1　必需消费行业

必需消费指的就是我们每天生活中必不可少的消费品，如食品、饮料、酒水、日化产品等生活刚需。无论经济好坏，我们在这方面都必须持续消费。正因为这种稳定的需求，在过去几十年中必需消费品板块从未落幕，牛市大涨、熊市小跌，是一种可穿越牛熊的好基金品种。

考查指数的表现，通常需要用到以下两个概念。

（1）价格指数。价格指数如同它的名字一般，仅参考股票价格的波动，不包含上市公司分红等因素。所以，它能直接反映指数内股票价格发生的变化。

（2）全收益指数。全收益是将上市公司股票所分发的现金分红一起投资到原组合中获得的比较全面、完整的收益。因此，全收益指数既能反映股价的波动，还能体现公司所有股票分红再投资的收益，也能更精准地反映指数内所有股票的真实表现。

上述两种指数的主要区别来自是否计算公司股票分红及其再投资的总收益。公司股票的分红金额越高、持续时间越长，再投资产生的收益越高，二者之间的区别就越不能被忽视。因此，投资者在考查指数的长期表现时，参考全收益指数会更准确。

必需消费行业的涨幅远远领先于其他行业，拥有很大的投资优势。2012～2022年几大必需消费指数的业绩远远超过了大盘，如图2-1所示。

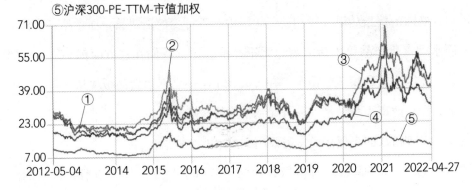

图2-1 必需消费指数业绩对比

注：纵坐标表示PE-TTM（滚动市盈率）市值加权，单位为％。

必需消费板块在全球市场内均表现不俗，也拥有许多在投资界广受大家喜爱的明星企业，如美国的可口可乐公司、亨氏公司，日本的明治乳业，中国A股的贵州茅台集团、伊利集团等。这类企业的共同特点是市场需求稳定，受经济周期影响较小，利润有保证，现金流充裕，因此是投资者的首选。

2.2.2 医药行业

医药行业比较稳健，拥有众多优势，一直都广受投资者青睐。

首先，医药行业需求稳定，无论经济状况低迷或繁荣，人都有可能生病，生病就势必伴随着医药消费。并且，随着民众财富的增加和人口老龄化的加剧，活得更健康、更长久成了大家日益突出的需求，人们在医药保健方面的投入也越来越多。因此，医药行业有长期走牛的需求基础。

其次，决策和消费分离，多样化的支付主体，以及事关生命健康的特殊性质，决定了不管价格高低，只要药品有作用，医生都会将其写入药方，我们也都会为它消费，更何况还有社保、医疗保险帮我们分摊费用。这让药品定价能够比较客观，受市场影响较小。

以上因素相加，使医药行业成了绝佳的投资标的。

不过医药行业虽然牛股辈出、长期表现优异，但其个股的风险也是比较大的。因为这类企业一旦出现"黑天鹅"事件，基本上都无法挽回，毕竟生命无法重来，容不得半点差池。近些年随着监管力度的加强，发生的医药股事件轻则腰斩，重则直接退市。

此外，许多创新药的研发费用也是十分惊人的。医药行业有"十年十亿"的说法，意为新药的研发过程需要十年，还要花费十亿美元，最后成功率却可能还不到十分之一。

对于普通投资者来说，医药专业知识晦涩难懂，对医药股的研究更是难上加难，直接投资医药股并不是优选。所以，买入医药指数基金是一个更加合适且稳妥的选择，能够大大降低投资风险。只要整个行业稳定发展，投资者便可通过长期定投获得不错的收益。

在申万行业指数所有一级行业的业绩数据中，必需消费行业和医药行业一直稳居第一与第二。即使是处于熊市，医药消费依然涨多跌少，所以医药行业基金是基金投资中必不可少的防御型配置。

医药行业深受广大投资者的信赖，甚至被夸赞为"全民刚需""防御性行业""无惧熊市"。新冠肺炎疫情暴发后，中央也提出了一系列医保改革的意见，医药行业在众多行业中依然较稳定。医药行业是比较具有代表性的成长型行业，具有较大的发展潜力，整体走势与创业板指数比较相似、水平相当，并普遍高于沪深300指数，如图2-2所示。

图2-2　医药行业与创业板指数、沪深300指数走势对比

医药行业基金还可以分为七个小类：制药、医疗器械、制药器械、医疗服务、医疗零售、卫生材料与医药商业。投资者在选择时一定要谨慎考量，多方面了解后再做决定。

首先，医药行业下属的子行业之间差别较大，不同的细分类别在近两年的涨跌幅度差别也很明显。

其次，在医药行业内，不同企业的市值条件不同，它们的涨跌幅度差距也非常大。市值排行前30名的龙头股整体表现都远远优于其他个股，并远超医药行业指数的平均水平。

医药行业本身的性质决定了这种差异。它受国家法律政策的影响相对较大，并与医药改革、医保控费药品审批、药品降价等法案法规相关性明显。除此之外，医药行业还存在专业壁垒较高、研发所需要的投入多和科研难度较大等问题。特别是许多创新型药企，其投入与产出的比率十分不稳定。

上述问题提醒我们，在投资中不仅要对细分行业进行精心筛选，更要仔细甄别基金个股之间的差异。如果我们选择了较差的子行业或是没能选中龙头股，即使同样是医药行业基金，其表现也千差万别。

2.2.3 金融行业

金融行业是一切行业的源头和驱动力，是国家发展的血脉，是不可或缺的一部分。一切经济活动都离不开金融行业，企业的融资都要通过金融行业来实现，所以金融行业基金是非常值得投资者长期关注并配置的。而且，金融行业的盈利能力非常强，例如工商银行，其一年的净利润就达到了3000多亿元，平均一天接近10亿元。

金融行业是一个非常典型的周期性行业。周期性行业的特点是与国内或国际经济波动之间的关联性较强，受该因素影响明显。此类行业的某些方面一般会呈周期性波动，例如，券商会因为牛市和熊市的变化产生业绩波动，航空股会因为油价的波动而产生成本变化等。

我们在做金融行业基金投资时需要特别注意一个数据——市净率。**市净率是公司每股市价与每股净资产的比率**。这个比率可帮助投资者对投资价值进行分析。一般来说，市净率较低的股票，投资价值较高；相反，则投资价值较低。当然，在估算投资对象的具体价值时，我们还需要综合考虑当下的市场环境发展状态以及公司的经营能力、盈利水平等多重影响因素。

其投资规则可以概括为一点：强周期性行业在其市净率的底部买入，进入投资市场；对应地，在市净率的顶部卖出，在到达了高估范围时，最好选择一次性卖出。

目前国内上市的金融公司，主要以银行、证券、保险三个方面为主，我们在进行金融行业基金投资时主要也应该考虑这三个方向。

1. 银行

银行为百业之先，与每一个行业都息息相关。因为每一个行业的发展都离不开资金，有资金需求就与银行有关联。

投资银行业，通常有两个方向。

（1）通过投资与上证50指数、H股指数、基本面50指数、50AH优选指数等相关的指数基金来投资银行股。目前国内的银行股以大盘股居多，市值规模普遍较大。所以，在这些以大盘股为主的指数中，其成分股会包含很多主要的银行股，投资它们也就等同于投资了这些银行股。

（2）如果投资者想投资专门的银行业指数基金，可考虑对中证银行指数进行追踪。投资策略可根据市净率估值来决定：市净率＜1，开始投资；1≤市净率≤2，持有；市净率＞2，卖出。

2. 证券

证券行业的周期性取决于市场行情，在牛市时，证券行业指数会有明显的上涨现象，熊市则会明显下降。在投资证券行业时，投资者通常会跟踪中证全指证券行业指数基金。针对此行业，市净率＜1.8，开始投资；1.8≤市净率≤3.3，持有；市净率＞3.3，卖出。

3. 保险

保险行业虽然很重要，但目前上市的保险公司数量并不多，所以市面上没有纯粹的保险行业指数基金，投资者可以通过非银金融行业的指数基金进行投资。与其相关的指数不多，300非银指数较常见，其中的成分股主要为沪深300指数中剔除银行股之后剩余的金融企业股。针对此行业，市净率＜1.8，开始投资；1.8≤市净率≤3.3，持有；市净率＞3.3，卖出。

如果投资者想长期配置行业指数基金，可以从金融行业入手，谨慎选择。

2.2.4 可选消费行业

可选消费主要针对的是用来提升我们生活质量的消费品，一般包含汽车及其零配件、纺织服装、奢侈品等。

可选消费行业与必需消费行业相比，主要有两个特点。

1. 可选消费行业有很强的周期性

人们可以不旅游、不买汽车、在很长时间内不买新衣服，但不能长时间不吃饭、不喝水。所以，可选消费品虽然也是消费品，但不像必需消费品那样需求强烈，在经济状况不佳时，人们更可能推迟购买可选消费品。所以，它最大的特点是需求度较低，没有必需消费品的需求稳定，有一定的周期性，主要依赖于人均消费水平的提升。

2. 可选消费行业有更新换代的特点

人们吃的米面与调味品和以前相比，没有太大变化。但每经过一定的时间周期，可选消费品就会完成一次升级换代。例如，笔记本电脑、智能手机等电子产品，以及冰箱、空调、洗衣机等，每个时代都有极具代表性的可选消费品和企业，升级换代特征较明显。

随着人们购买能力的普遍提高，从宏观发展来看，追逐高品质生活仍是不变的需求。在这种趋势下，企业为了迎合消费者的愿望，满足大家对高品质生活的需求，也都在提高各自产品的质量，提升企业人员的服务水平。因此，可选消费行业潜力巨大。近些年广受欢迎的餐饮旅游、定制家居、新能源车，还有已成为大家生活中不可或缺的一部分的外卖、团购等，这些提高生活品质的消费领域的增速都持续升高，也出现了不少牛股。

尽管如此，市场上的可选消费行业指数依然不多，常见的仅有中证可选消费指数、全指可选指数和上证消费80指数，跟踪这些指数的基金产品更是少之又少。不过，市场上还有一些同时投资了必需消费行业和可选消费行业的指数可供选择，如消费50指数和消费龙头指数等。

消费50指数和消费龙头指数非常相似，都是从必需消费行业和可选消费行业中，挑选出50家龙头上市公司。区别在于消费50指数剔除了汽车和传媒行业的股票，而消费龙头指数包括了这两个行业。因为汽车和传媒行业的周期性相对来说较强，盈利变化大，缺乏稳定性。

不同国家所处的消费环境、所持的消费理念不同，其中美股消费行业长期收益较佳。目前看来，A股里必需消费行业的长期收益是高于可选消费行业的。但美国大部分家庭在食品饮料上的开支变化并不大，美股中可选消费行业的收益会更高一些。

从普遍情况来看，对需要参考估值的指数进行投资都存在风险。因为在估值的过程中，我们统计的都是过去的数据，未来的走势与过去并不一定相同，估值区间也有可能产生变化。因此，投资者需要结合现实条件和具体策略，谨慎考虑后再入市，尽可能降低风险。

2.3　宽基指数基金

宽基指数包含十只或以上的成分股，并且不限制成分股所在行业，没有特定的范围，投资者可以从整个市场来选择投资标的。

一般来讲，宽基指数有五大特征。

（1）含10个或更多个股票。

（2）单个成分股的权重不超过30%。

（3）权重最大的5只股票相加不超过指数总额的60%。

（4）成分股每日平均交易额大于5000万美元。

（5）包含行业种类多。

与其特征相对应，宽基指数基金的优势在于它的行业覆盖更全面，稳定性与生命力更强，适合指数基金投资新手。常用的宽基指数如图2-3所示。

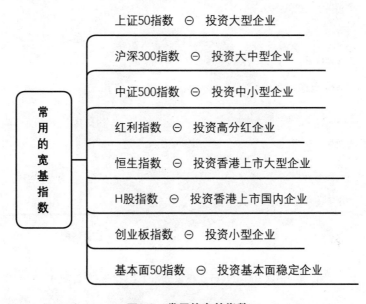

图2-3 常用的宽基指数

2.3.1 沪深300指数、中证500指数和创业板指数

1. 沪深300指数

沪深300指数的成分股来自上海和深圳两大证券市场，以市值和流动性为主要参考标准，选取最优秀的300只股票，综合反映了A股市场整体的股

票价格水平。它被称为A股市场走势的"晴雨表"，是我国股市中最具代表性的指数。

官方发布的数据显示，沪深300指数覆盖的行业比较全面，行业权重分布均衡：金融行业占比最大，达23.13%；第二是工业，达19.16%；第三是主要消费，达15.29%，如图2-4所示。

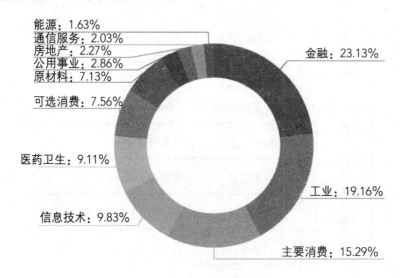

能源：1.63%
通信服务：2.03%
房地产：2.27%
公用事业：2.86%
原材料：7.13%
可选消费：7.56%
医药卫生：9.11%
信息技术：9.83%
金融：23.13%
工业：19.16%
主要消费：15.29%

图2-4 沪深300指数行业权重分布（2022年4月27日）

总体来看，沪深300指数选择的样本股相当优质且全面，但还是以大盘股为主，缺少中小盘股。

在沪深300指数的十大权重股中，金融行业的比例仍然是最高的，达8.39%；主要消费行业紧跟其后，达8.21%，如表2-2所示。

表2-2 沪深300指数十大权重股

数据日期：2022年4月27日

证券代码	证券名称	中证行业分类	上市地	权重（%）
600519	贵州茅台	主要消费	上海证券交易所	6.42
300750	宁德时代	工业	深圳证券交易所	3.24

续表

证券代码	证券名称	中证行业分类	上市地	权重（%）
601318	中国平安	金融	上海证券交易所	2.71
600036	招商银行	金融	上海证券交易所	2.68
000858	五粮液	主要消费	深圳证券交易所	1.79
601166	兴业银行	金融	上海证券交易所	1.70
601012	隆基股份	工业	上海证券交易所	1.51
600900	长江电力	公用事业	上海证券交易所	1.48
000333	美的集团	可选消费	深圳证券交易所	1.48
300059	东方财富	金融	深圳证券交易所	1.30

沪深300指数是定投中一个常见的选择，跟踪它的产品较多，而且它的波动率是最小且最稳定的，如图2-5所示。它的标的都是"大蓝筹"，其中又以难涨难跌的金融地产为主。所以，它虽然涨得不快，但跌得也慢。这个指数适合追求稳定收益的投资者，在收益方面较难有很大的惊喜，但也不会有很大的惊吓。

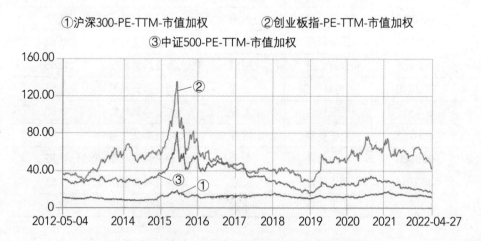

图2-5 沪深300指数、中证500指数和创业板指数表现对比

2. 中证500指数

中证500指数也是我们可以选择的一个优秀标的。中证500指数的成分股全部来自A股，由其中剔除沪深300指数成分股及总市值排名前300名的股票后，规模大、总市值排名靠前、流动性好的500只股票构成，主要成分股都是中盘股。它与沪深300指数不同，主要反映的是A股市场内中小市值公司的股票价格水平。

中盘股的特点是，与其他股票类别相比较中庸，通常由二线蓝筹股组成，个股权重也相对分散，十大权重股总占比仅为6.12%，有利于避免单只股票波动对指数的影响，风险较小，如表2-3所示。

表2-3　中证500指数十大权重股

数据日期：2022年4月27日

证券代码	证券名称	中证行业分类	上市地	权重（％）
600522	中天科技	通信服务	上海证券交易所	0.79
600256	广汇能源	能源	上海证券交易所	0.72
000733	振华科技	信息技术	深圳证券交易所	0.66
600157	永泰能源	能源	上海证券交易所	0.65
002340	格林美	工业	深圳证券交易所	0.61
601615	明阳智能	工业	上海证券交易所	0.60
600188	兖矿能源	能源	上海证券交易所	0.55
000983	山西焦煤	能源	深圳证券交易所	0.52
300751	迈为股份	工业	深圳证券交易所	0.51
601555	东吴证券	金融	上海证券交易所	0.51

中证500指数有着较均衡的行业权重分布，其中以工业、原材料、信息技术等行业为主，如图2-6所示。这些行业具有高成长性和弹性，能推动指数大幅上涨。

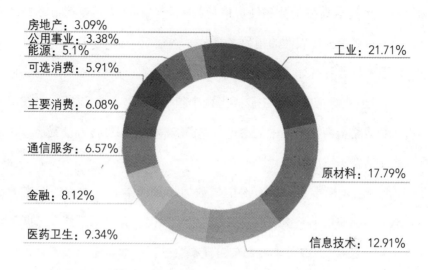

图2-6　中证500指数行业权重分布（2022年4月27日）

目前市场上跟踪中证500指数的产品种类丰富，有ETF基金、LOF基金等，数量很多。此类产品适合想获得更高的收益，同时风险承受能力也稍高一些的投资者。投资者在定投时对于跌得多和跌得久需要有一定的心理准备。

3. 创业板指数

创业板这一证券交易市场专为创业型企业和高新技术企业等需要融资、发展的企业打造，为它们提供了融资的途径和发展的空间，是对主板市场的重要补充。

创业板指数以创业板市场内所有股票的流通市值为参考，逐一计算各股票当天的股价，再通过加权平均计算，与开板首日的基准点进行比较，得出最终结果。该指数容纳了创业板市场中流动性最好、市值规模最大的100只股票，其编制方法参照了深证100指数和深证成分指数的编制，并对照了国际惯例（包括全收益指数和纯价格指数）。它能反映创业板市场的运行情况，是该市场最具代表性的指数之一。

创业板指数具有如下特点。

（1）创业板指数选样主要参考两个指标：样本股的流通市值在市场中的占比和成交金额在市场中的占比，它们能够展现深圳证券交易所流通市值高、成交活跃等特点。

（2）创业板指数在计算时的权数为指数样本股自由流通股本的精确值，减弱了因股份不平衡而产生的杠杆效应，使计算结果更精准、更真实。

（3）创业板指数每季度都会对样本股进行一次调整，以符合创业板市场成长速度快的特征。

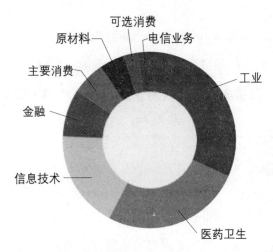

图2-7　创业板指数行业分布（2022年4月27日）

如图2-7所示，从官方发布的行业分布情况来看，创业板指数前三大权重行业分别是工业、医药卫生、信息技术。通过观察创业板指数历史行业权重变化可以发现，其前五大权重行业占比始终保持在一个比较稳定的水平。创业板指数的前十大权重股目前偏重于工业企业，如表2-4所示。

表2-4 创业板指数前十大权重股

日期	样本代码	样本简称	所属行业	自由流通市值	总市值	权重(%)
2022-03-31	300750	宁德时代	工业	5687.96	11940 95	18.87
2022-03-31	300059	东方财富	金融	2101.08	2790.39	6.97
2022-03-31	300760	迈瑞医疗	医药卫生	1236.37	3725.23	4.1
2022-03-31	300498	温氏股份	主要消费	1014.92	1400 58	3.37
2022-03-31	300274	阳光电源	工业	995.94	1593.04	3.3
2022-03-31	300122	智飞生物	医药卫生	966.79	2208.00	3.21
2022-03-31	300014	亿纬锂能	信息技术	964.03	1531.75	3.2
2022-03-31	300124	汇川技术	工业	947.03	1502.05	3.14
2022-03 31	300142	沃森生物	医药卫生	839.67	878.78	2.79
2022-03-31	300015	爱尔眼科	医药卫生	695.13	1705.63	2.31

创业板指数在营收、归母净利润复合增速上的表现均优于其他主要宽基指数，且长期收益表现较亮眼。此外，创业板指数在牛市的表现要略强于熊市，弹性比较大。目前市场上跟踪创业板指数的基金产品也比较丰富。

总的来看，创业板指数爆发力强，具有较高的投资价值，但也有一定的风险，投资者在投资前需要进行风险预测，做好心理和资金准备。

2.3.2 恒生指数、H股指数和香港中小指数

国内有许多活跃的证券交易所，除了常见的上海证券交易所和深圳证券交易所外，还有一个证券交易所也不容忽视，那就是香港证券交易所（简称港交所）。香港股票市场已经发展得较成熟，从世界十大证券交易所排名来看，港交所位居第五名。港股市场与内地市场的关系非常紧密，腾讯、联想、比亚迪等知名内地公司均在港交所上市交易。在众多港股指数中，有一些也为大家所熟知，且十分具有投资价值，接下来主要选择恒生指数、H股

指数和香港中小指数进行介绍。

1. 恒生指数

恒生指数成立于1964年，历史悠久，在港股中相当具有代表性。

该指数和上证50指数很相似，代表的是港股的蓝筹股。它包含了港交所全部上市公司中前50家市值规模最大、成交最活跃、流动性最强的公司，每季度都会重新筛选一次，以体现香港股市的整体水平。

中国移动等在港交所上市的知名内地公司由于自身的规模较大，因此同样会被选为恒生指数的成分股。该指数中影响力较大的成分股主要有建设银行、汇丰控股等。

恒生指数与A股的联系已经越来越紧密。虽然它代表的是香港股市，但近十几年来，其成分股中内地公司的占比不断升高，香港本地公司的优势不再明显。指数的一大优势——自动完成新陈代谢，在这里就有了很明确的体现，特别是香港股市这种以机构为主的市场，企业经营不善就会很快被淘汰。

恒生指数与沪深300指数相比，回撤值更小，适合将其配置在投资组合中，降低整体的波动性，以达到更佳的投资效果。

2. H股指数

H股指的是注册于内地，但在香港上市、使用港币进行交易的公司的股票。如今有很多内地公司选择在香港上市，为了反映它们的经营状况、衡量它们的表现，恒生指数公司编制了恒生中国企业指数，简称恒生国企指数，也就是我们常说的H股指数。

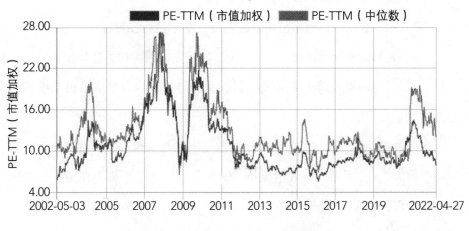

图2-8 H股指数历史点位和市盈率变化

如图2-8所示，H股指数的长期表现一直较佳，适合投资者投资，甚至被称为"价值洼地"。该指数反映的是H股中较大型股票的表现。H股指数与恒生指数有所不同，对成分股的数量不设特别严格的限制，但要求成分股必须在恒生指数内。因为H股公司的市值都很高，所以其中有很多同时也是恒生指数的成分股，如腾讯控股、中国平安、中国工商银行、中国移动等。

最初的H股指数中仅有10只成分股，2000年时才增加为40只，以2000点为起始点数，这一标准沿用至2017年。2018年，H股指数再次扩容，成分股数量增加为50只。截至2022年3月，H股指数为50只，市值高达22.99万亿港元，而恒生指数的市值仅为26.75万亿港元。由此可见，H股指数可以说是香港股市的市值核心。

在行业分布方面，H股指数将重心押注于金融地产行业，占比超过一半，指数表现与整体宏观经济密切相关。

H股指数具有以下五个主要特点。

（1）指数包含成交最活跃的H股。

（2）指数拥有较高的市值覆盖率。

（3）成分股经过流通市值调整，充分反映了其可投资性。

（4）其与恒生指数、恒生中国H股金融行业指数等相关性均较高。

（5）其与内地经济关系紧密，且投资者群体中以合格境外机构投资者为主。

官网数据显示，H股指数与恒生指数之间的相关性系数高达0.96（完全相关数值为1），因此，一般情况下，这两个指数选一个投资即可。如果想要长期投资，恒生指数所包含的成分股会更有成长性，有一定的优势；但就单一低估事件来投资的话，H股指数的低估值则更加纯粹，投资者可根据自身偏好和实际情况进行选择。

3. 香港中小指数

前文已经对沪深300指数和中证500指数进行过详细的介绍。沪深300指数囊括A股最核心的300只大盘股；中证500指数则包含随后500家优秀的中盘股。在港股市场中，恒生指数和H股指数主要投资于大盘股，其定位与沪深300指数相似，而香港中小指数则为港股内众多中小盘股的代表。

由于中小盘定位相似，许多人都习惯将香港中小指数对标中证500指数。香港中小指数也因此获得了"港版中证500"的别称。但从市值规模的角度来看，香港中小指数的平均市值高达318亿港元，总市值中值为233亿港元，而中证500的平均市值换算为港元仅有100多亿港元，与香港中小指数存在较大差距。从持仓情况上看，香港中小指数前十大持仓股中包含融创中国、蒙牛乳业、石药集团等优质白马股，成分股质地整体优于中证500指数。从指数估值和ROE（净资产收益率）数值的角度来看，香港中小指数可预测的投资价值也要远远高于中证500指数。

香港中小指数主要具有以下几个特点。

（1）香港中小指数的投资方向以H股和红筹股这类主营业务在内地的公司股票为主。

（2）香港中小指数在港股市场内属于中小盘股票，但实际上，它的平均市值规模已经达到了沪深300指数成分股的规模，若放在A股中则该归于大盘股的范畴。香港中小指数的平均市值规模与A股中盘股的代表——中证500指数相比，高出了1倍左右。

（3）港股有一定的老千股风险。在港股中有一批小盘股并不以实现经营性盈利为目的，而是依赖于"挖坑"。它们以集资为导向，通过频繁的关联交易、融资，不断赚取散户的财富。投资者如果未合理安排投资组合，只投资了个股，就有很大的遭遇这种风险的可能性。不过，香港中小指数自身的成分股数量较多，多达150只，因此较分散，单只成分股的比例上限仅为5%。所以，即使个别公司出现老千股问题，整体波动也不会太大，风险要低很多。

香港中小盘指数具有高度分散的特点，与成分股高度集中的H股指数基本不重叠。两者相比而言，香港中小盘指数的风险系数更高，但长期市场表现更好。

与A股中小盘相比，香港中小盘与其收益相近，但波动更小，所以更适合能承受中等风险的投资者。

2.3.3 纳斯达克100指数、标普500指数

1. 纳斯达克100指数

纳斯达克现已成为全球最大的证券交易市场，日常功能主要为收集并发布场外交易非上市股票的证券商报价。纳斯达克100指数主要投资的就是纳

斯达克市场内部规模最大的100家大型公司的股票。

纳斯达克100指数是纳斯达克最主要的指数，其全部成分股均具有高科技、高成长性和非金融的特点。因此，纳斯达克100指数可以被称作是美国科技股的典型代表。其前十大权重成分股中占比最高的行业为计算机行业，权重最大的公司为苹果公司。另外，微软、京东、百度、英特尔等诸多知名公司也拥有较大的权重。

纳斯达克100指数中这些成长性极高的股票的优秀业绩并非来自如资产注入等外延式的增长，而是由各自的创新业务带来的。

在美国本土有很多追踪纳斯达克100指数的基金产品。不过，国内投资者若想要投资海外市场的指数基金仍比较困难，主要的途径是通过QDII❶指数基金来投资。

纳斯达克100指数基金相比同类型基金，主要有以下三个优势。

（1）费率优势：属于C类基金，无申购费，且持有7天以上便可免赎回费。

（2）效率优势：通过直销渠道赎回一般T＋4日就可以到账，在QDII指数基金中效率优势突出。

（3）QDII额度充裕。

通过观察纳斯达克100的行业分布可以看出，纳斯达克100的科技股（信息技术）权重占比高达50%，其次是可选消费（16%）、医疗保健（13%）、工业（8%）、日常消费（7%）、公用事业（4%）、电信服务（1%）和房地产（1%），如图2-9所示。

---

❶ QDII，Qualified Domestic Institutional Investor的缩写，意为合格的境内机构投资者。QDII指数基金，主要是指在一国境内设立，经过该国相关部门批准在境外证券市场从事股票、债券等有价证券业务的指数基金。

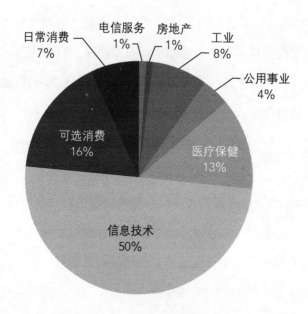

图2-9　纳斯达克100指数行业权重分布（2022年2月25日）

纳斯达克100指数在历史上取得较高收益率的原因离不开以下几个方面。

（1）美国新经济与纳斯达克市场相辅相成、共同发展。美国高科技产业的崛起为经济增长创造了条件，与此同时，这也反作用于纳斯达克市场，促进其飞速发展。除此之外，为达到更精准地反映市场整体走势的目的，纳斯达克市场还分别编制了许多针对不同板块的指数。

（2）完善的金融法规。美国拥有非常优秀且完善的证券投资管理法律体系。它不仅有对公司的行为进行规范的《公司法》，还有《1970年证券投资保护法》等为证券管理专门制定的法律。在此基础上，美国政府为了对证券交易所、证券商、证券投资公司等进行全方位监管，还专门设置了证券交易委员会这一机构，掌握相关的权力。为了克服制度缺陷，美国还建有证券交易商委员会等自律性组织。

（3）美国较高的经济地位及灵活的利率政策。美国市场目前是全球最大、最活跃的投资市场，其强大的经济实力支撑着人们的信心。

这些客观稳定的条件在未来依然可以帮助纳斯达克100指数在中长期内延续历史上的较好表现。

2. 标普500指数

标准普尔500指数历史比较悠久，由标准普尔公司编制，收纳了美国500家优秀上市公司的股票。其覆盖的全部公司都在纳斯达克证券交易所、纽约证券交易所等美国主要的交易所上市。由于它包含的公司很多，因此风险非常分散，也能够反映更广泛的市场变化。

标普500指数和沪深300指数相似，同样是蓝筹股指数，但前者并不单纯依照上市公司的规模来选股。标普500指数在挑选公司时，对其市值规模并没有特别限制。也就是说，其中不仅包含了很多大公司（约占90%），还包含了很多中型公司（约占10%）。只要这家公司是某个行业的领导者即可入选该指数。因此，标普500指数是一个具有主观色彩的指数，判断标准灵活。

除此之外，其成分股的ROE数值也是入选的硬指标之一，长期ROE表现更优秀的成分股通常更容易入选。因此，标普500指数与常见的市值加权指数之间，在估值表现上会存在一定的差异。

标普500指数是目前追踪资金量最大的一只指数，上万亿美元的基金投资在标普500指数上，远超其他美股指数。它甚至带来了成分股买入效应：如果一只股票入选了标普500指数，那么之后这只股票会被大量买入，从而导致股价上涨；如果它被标普500指数淘汰，则又会因为短时间内的卖出量较大而出现股价下跌的情况。

纳斯达克100指数与标普500指数之间的区别主要有以下五点。

（1）标普500指数的成分股数目远远大于纳斯达克100指数。

（2）纳斯达克100指数选择成分股没有地域限制，标普500指数则只选择美股上市公司的股票。

（3）纳斯达克100指数的整体估值比标普500指数更高。

（4）纳斯达克100指数不收纳金融股，而标普500指数中的金融股则占比12.7%。

（5）近十年内，纳斯达克100指数的平均年化收益率高达18.9%，而标普500指数的平均年化收益率仅为12.2%。

总的来看，纳斯达克100指数作为全球科技企业的聚集点，其成长性要优于标普500指数。而且，纳斯达克100指数比标普500指数在现金量与运营利润偿还债务利息的能力方面更有优势，更能抵御经济下行的冲击。虽然我们很难量化它们的金融稳定性，但纳斯达克100指数在债务总量和偿债能力上都显得更为健康。

因此，二者相比，纳斯达克100指数的投资价值优势更加突出。

第 3 章

基金筛选：

助力投资决策最优化

基金在众多投资方式中虽然属于较稳健的一种，但依然存在许多陷阱需要我们警惕。为了降低交易风险，我们必须学习一些判断基金好坏的方法。本章将从基金公司与基金产品两个方面为投资者提供一些筛选基金的思路与技巧。

3.1 筛选基金公司

在投资过程中我们会发现，有很多基金公司都会发行跟踪同一只指数的基金产品。基金产品由基金公司管理，基金公司管理水平的高低将直接对其业绩表现产生影响。因此，选择优秀的基金公司是选择到好基金的基础和前提。

筛选出一个可信任的基金公司，是投资者在投资过程中不可或缺的一环，是投资者必须首先完成的事。从长远来看，基金公司以往的诚信度与基金经理的个人品质的重要程度甚至超过了基金本身的绩效。

很多投资者经常忽视基金公司的重要性，或者不知道如何分析和选择基金公司，接下来将从五个方面教大家如何判断基金公司的优劣。

3.1.1 排名高，不经常变动

在挑选基金公司时，首先我们应该了解它们的基本信息，如公司属性、成立日期、注册资本、经营范围、基金数量、管理规模、经理人数等。通过对基金公司概况的了解，投资者可以快速判断一家基金公司的大致实力，从而选择出想要继续深入了解的基金公司。

没有足够的能力和精力分析所有基金公司的投资者可以选择管理规模较大、基金数量较多、基金种类丰富的基金公司进行深入了解。通常来讲，规模大的基金公司实力也会比较强，团队经验更足，也能请得起更优秀的基金经理，有条件配有出色的团队支持基金经理。

挑选优质的基金公司最简单也最直观的方法，就是分析基金公司的排名。在很多第三方平台上我们都可以查询到有关基金公司的排名信息，并且可以根据不同方面的数据进行筛选。大部分平台的主要排名依据都是基金公司的管理规模。

一般来讲，基金公司的管理规模大小就是产品卖出了多少。公司的管理规模大、排名靠前，证明大部分投资者对它都有一定的认可度，它的客户留存率一般也不会很低。这可以从侧面说明该公司的可信赖度比较高，整体表现比较优秀。

需要注意的是，虽然管理规模是很重要的一个方面，但并不能完全代表基金公司的真正实力。

要看一个基金公司的具体经营能力，我们需要将重点放在两种资产规模上。

1. 有效管理资产规模

有效管理资产规模要以基金公司的管理费率和基准费率为基础，计算出二者的比例，并据此对基金公司的资产净值和份额规模进行折算。基金产品类型众多，收费标准各有不同，也会导致计算结果的差异。因此，通过这个指标，投资者能够更加公平地评判一家基金公司的管理规模。

2. 长期管理资产规模

长期管理资产规模主要针对的是权益型基金。它是剔除了联接基金的重复部分、货币基金与短期理财基金的数据后所进行的统计。其对于一家基金公司的投资管理能力要求更高，也体现着投资者对一家基金公司的长期信心，以及基金公司长期为投资者获取收益的能力。因此，有人把这类资产统称为"长期资产"。

我们在评判基金公司的投研水平时，主要应该参考权益型基金的投资状况。权益型基金的整体收益是所有基金中比较高的，也是最考验基金公司投研能力的一个基金类别。在实际操作时，我们除了要参考大排名以外，还应该查看权益型基金的具体数据，以及各家基金公司的盈利数据。

如果某家基金公司的权益型基金产品能为投资者赚到更多的收益，则可以在一定程度上说明它应对市场风险的能力更强、投研能力更好。

此外，基金公司排名在较长时间跨度上的稳定性也非常重要。投资者宜选长期排名波动不大的基金公司，以避免因特殊事件造成的短期排名异常变化。就综合水准来看，各基金公司的天相评级分数非常值得投资者参考。

天相评级被证监会官方认可，是国内非常权威的基金评级机构。据其官方平台表述，它在对基金公司进行评级时，主要考核以下三个方面。

（1）基金公司的基本实力

对基金公司的基本实力的考查主要包括资产管理的规模和经验、旗下基金的数量、产品线的完善程度等几个模块。基金公司最终的综合得分越高，就代表其基本实力越强。

（2）基金公司的投资管理能力

对基金公司投资管理能力的考查主要针对的是建仓6个月以上的积极投

资偏股型基金和混合型基金。按照1∶2的比例对它们的绝对收益能力和风险调整收益能力的评分进行加权平均。最终的综合得分越高，代表基金公司的业绩越好，投资管理能力也就越强。

（3）基金公司的稳定性

对基金公司的稳定性的考查主要针对的是首只基金设立满3年以上的基金公司。观察过去3年内该公司股权结构、高级管理人员、投资总监、基金经理的变动情况和该公司的合规情况。最终的综合得分越高，意味着该公司的稳定性越强。

另外，每家基金公司擅长的基金类型也有所不同，主要基金类型大致可以分为偏债主动型基金、偏股主动型基金、指数股票型基金等。投资者在投资前需要查看各类基金的收益率，找到每家基金公司最擅长的基金类型，分情况进行选择。

3.1.2 ▶ 声誉好，正向报道多

在对基金公司的筛选中，诚信度也是非常重要的一项指标。基金公司最基本的要求就是必须以受益人的利益为依归，内控良好，不会借职务之便谋取私利。拥有良好品牌形象的基金公司会对投资者怀有极高的责任感，也会更加遵守诺言。这样的公司在内部管理和风险控制上通常也都会有比较严格的执行规范。

从经济学的层面来看，经济发展的重点在于商品交易，而长期大量交易的进行需要基于双方的相互信任。投资者应该以信用状态良好、无违法违规等不良记录、内部管控系统完善为标准筛选基金公司。

在金融业，尤其是代人理财的基金业，信誉是企业立足的根本。历史悠

久、符合上述所有条件且股东同样履历良好的基金公司，值得投资者投入更多的信赖。

一般来讲，资历较老的基金公司经历过各种市场状况的洗礼，会更加具有公信度。这类基金公司经营时间长，实力可见一斑。但投资者也不能只看成立时间，因为再老牌的基金公司也会有各自的发展问题，要综合考虑其他要素。

如图3-1所示，据统计，接受调查的基金个人投资者中有60.8%在投资时会有意回避近期出现了负面新闻的基金公司；15.8%的投资者不会刻意回避；18.3%的投资者以基金业绩为唯一判断标准，并不在乎负面新闻。

投资者的这种意向趋势会反作用于基金公司的效益。受到投资者信赖的基金公司往往会拥有更充足的资金，并且在投资者的支持与鼓励下，效益也会提升得更快。投资者的这种选择偏向也会促进各基金公司改善自身的形象，形成行业内更好的风气。

决定一个基金经理的交易行为的，除了自身的投资方法和思想框架之外，还有一个重要的因素，就是资金性质，这就是信用在资产管理行业起到的作用。如果一个基金经理有很高的信用，那么他就可以极大地降低客户的资金成本。

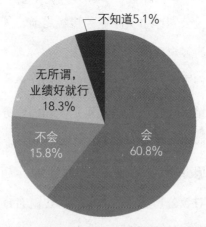

图3-1 个人投资者对出现负面新闻的基金公司的处理倾向

对于一家公司来说，良好的声誉能让其收获更多的商业伙伴和更有竞争力的资金成本；对于个人来说，良好的声誉能让其获得更大的隐性杠杆。

声誉的积累特征和价值投资中的两个概念非常类似——滚雪球模式以及时间的杠杆。短期内能获得保障的是名声，而声誉在短时间内很难发生巨大的变化。

在互联网时代，信息高速运转流通，所有人都有机会将自己的名字与观点很快地传播出去，但是良好的声誉需要自己一砖一瓦长时间地搭造。声誉的积累会为个体带来长期的价值，并且随着时间的推移，这个价值将日益重大。大到国家、企业，小到个人，好的声誉都是长期立足之本。

3.1.3 服务好，好评众多

享受到优质的服务是客户的基本权利之一，基金公司提供的服务品质优秀，一般表明该公司拥有以客户利益为出发点的优秀文化氛围。良好的服务品质不仅仅体现在工作人员的服务态度上，还与基金公司是否拥有完善的服务系统，以及是否能很好地站在客户的立场上解决问题息息相关。

在我们与一家基金公司产生实际业务接触之前，了解其服务品质最快捷的方法就是观察已有的客户反馈。

服务品质主要体现于客户对服务过程的感知印象，也就是说，它是一种依靠主观意识评判的结果。它代表的其实是公司的服务或产品的最终表现与客户对服务或产品的期望和要求之间拥有多高的吻合度。

如果公司提供的服务与客户的预期十分接近甚至超过了预期，客户对它的满意度就会较高，对该公司服务品质的评价也就会提高；反之，如果客户在该公司感受到的服务与他的预期有很大的差距，就很容易产生负面情绪，并降低对该公司服务品质的评价。

这提示我们，服务品质评价主要与两个要素有关：一是客户对公司的预期，二是客户感知的结果，而这个结果来自客户对服务过程的体验。因此，在我们考查一个基金公司的服务品质时，可以从服务态度、技术水平、责任感强度、硬件水平、管理能力、服务亮点、投诉或差错出现的频率几个方面入手。

（1）服务态度：服务人员对待客户要热情亲切、认真周到，而不应漠然、冒犯。

（2）技术水平：指综合业务水平，包括对理论知识和实操技能的掌握，服务人员应知识丰富全面、专业技能高超。

（3）责任感强度：服务人员应关心体贴客户，待客户似亲人，做到客户的事无小事，勇于承担责任。

（4）硬件水平：包括公司环境、设备等。

（5）管理能力：就是管理者在完成目标的过程中，有意识地利用人力、物力和财力等资源推进目标完成的能力。

（6）服务亮点：指公司的服务特色或特需服务，拥有一个服务亮点能起到画龙点睛的效果。

（7）投诉或差错出现的频率：是减分项，越低越好。

投资者应当优先遴选能提供完善、高质量服务的基金公司，这是考量一家基金公司整体实力的基本条件之一。基金公司应该具备为客户提供全方位整体服务的条件，其中主要包含客户服务中心、网络交易查询系统、客户专属的会员服务、投资者教育等。

同时，基金公司对利润受益人人数的安排同样非常重要。总受益人越多，经营风险就越小。假如受益人只集中于几位大客户，则他们的进出就会极大地影响基金操作策略，而受益人越多，则越可以分散这类风险。

3.1.4　背景深厚，团队优质

基金公司的投研能力水平与其背后的管理团队有关。选用优秀的管理团队非常重要，强大的管理团队和丰富的风控经验必定会为投资者带来丰厚收益。投资者主要可以从基金经理情况和团队组织结构两个角度入手考量。

基金经理要根据由券商或公司的研究团队所给出的研究报告挑选出适合进行投资的对象，并且要定期与具有发展潜质的上市公司沟通，从中挖掘获利的契机，回避潜在的风险。所以大家常说，基金经理是基金管理过程中的灵魂人物。

基金经理的整体素质和稳定性是投资者需要考查的重要一环，经常变动的人事安排会暴露出公司管理方面存在的一些问题，对基金操作和投资理念的稳定性也会造成消极的影响。

在投资前，我们可以查看备选的基金经理的历史业绩、演讲内容等。在这些资讯里，投资者可以分析出他们的投资理念是否有效，能否做到知行合一，是偏向于积极成长型，还是更注重长期回报、坚持价值投资。如果投资者觉得某基金经理的理念恰好和自己匹配，那么就能更好地建立对其管理的产品的信心。

管理团队的其他成员也是该公司软实力的一部分。除了要看明星经理以外，投资者还要关注该公司研究团队的人员数目、操作经验、整体稳定性以及专业知识储备。优秀的研究人员可以更精准地对市场形势作出判断，提供更科学、更系统、更准确的研究报告，为基金经理的决策打下良好的基础。

基金公司内部团队组织结构的合理性非常重要。分工明确、各部门间能够顺畅运作以及拥有一定的制衡机制等，都是评判团队组织结构是否合理的标准。在投资管理过程中，任何一个简单的环节产生差错都有可能带来极大的风险。

有的团队组织结构严密，并有投资决策委员会等对决策起到辅助监督作用的组织，层级清晰，可以大大减少个人失误的可能性，但其弊端是每一个重要的决策都需要逐级请示，获得批准后才能实施，可能会导致投资决策在争分夺秒的激烈竞争中失去原有的优势。有的团队组织结构简单，很容易因个人失误造成整个决策的失败，但也灵活易变，有时更容易在市场中占领先机。因此，在二者之间能较好地掌握平衡、合理安排团队组织结构的基金公司，对投资者来说意义重大。

除此之外，股东的实力也是基金公司良好发展的主要基础之一。股东经济背景深厚，一般就意味着该基金公司可以获得更好的运营发展平台。国内的基金业还处于发展阶段，各基金公司都还存在很大的进步空间。

股东的扶持对于基金公司来说至关重要。同时，凭借着股东的各方面实力，基金公司也更能吸引到经验丰富的人才。

相应地，如果一个基金公司股权不稳定，那么其管理团队人员就很容易出现问题。好的基金公司可以给基金经理的能力发挥创造好的条件，这非常重要，因为这样基金经理才有充足的精力和热情去操盘搏利。

所以，投资者应当优先选择资产规模大、团队组织结构合理、研究能力强的基金公司。

3.1.5　产品丰富，架构完整

基金产品是基金公司的主营项目，体现着基金公司的经营能力。在筛选想要投资的基金公司时，我们可以重点观察其产品线的广度和产品的整体业绩情况。

观察产品线广度的标准是，公司的产品种类越多对投资者越有利，投资者要尽量选择产品种类丰富的基金公司。因为即使是同一时间，不同市场的涨跌情况也是不同的。如果一家基金公司拥有比较完整的产品线、产品种类丰富，那就可以提供给投资者更多的转换到其他低风险产品的机会，投资者可以在其中选择适合自己的投资组合，也能在市场势头变换时及时调整投资策略。

如果投资者想要转换基金产品，那么在同一家基金公司内部进行调整，费用会较低，可以节约投资者的交易成本。

一个优秀的基金公司应该拥有丰富的基金种类，如股票型基金、混合型基金、债券型基金、指数型基金、货币型基金、理财型基金、QDII型基金等。

投资者购买基金产品的根本目标是获取收益。所以，除了看一家基金公司旗下基金产品的种类是否整齐外，我们也要重点看这些产品以及基金公司的整体业绩水准。业绩是一家基金公司的管理水平以及该公司基金经理的交易水平的集中体现，也是基金公司赖以生存的基石。历史业绩的优秀表现，无疑是高水准的基金公司的"黄金名片"。

我们既要看基金公司年度业绩的稳定性，也要看它在不同市场风格的转换下的业绩表现，分析在牛、熊市下，其业绩有没有体现出明显的差异。

在筛选出一些意向公司后，投资者下一步应当去具体了解这些基金公司的产品线情况，分析该公司的强项和弱项。

通过了解基金公司不同类型的基金的规模和收益，可以分析出该公司的优势基金类型和劣势基金类型。在选择基金公司的过程中，投资者就能以此来选择优势基金类型与自己的期望基金类型相符的公司，以达到收益最大化。

在持续深入地了解基金公司的过程中，投资者可以通过基金公司的未来发展规划、基金行业配置、资产配置、债券持仓分析判断该公司的投资风格和风险偏好。投资者在挑选基金公司时，应当尽量筛选与自身的投资策略风格和风险偏好相符的公司。

在此基础上，投资者再优先考虑投资策略风格不轻易转变、业绩表现相对优异的基金公司。投资者最好对其旗下基金产品的业绩进行中长期比较，看看它能否超越一般业绩基准或其他同类型产品的业绩水平。

此外，投资者也要观察其投资策略风格是否始终如一。不断变换投资策略风格的基金公司往往缺乏稳定性，更有突发变化的可能，投资风险会高于不轻易变换投资策略风格的基金公司。

3.2 筛选基金产品

很多投资者误以为基金是完全稳健保本、不存在任何投资风险的产品。但其实基金也属于风险投资产品，一样需要投资者擦亮眼睛，了解行业发展趋势，谨慎购买。为了降低交易风险，我们必须学习一些有效判断基金价值的方法。本书在这里为投资者进行四个方面的提示，希望能对投资者购买基金有所帮助。

3.2.1 行业发展潜力大

前文介绍过行业指数基金，大家了解了基金的许多行业分类。对于大部分人来说，基金是一项中长期投资项目，而基金的发展趋势在很大程度上受到国家政策、经济发展情况等因素的影响。

当某个政策或热点刚刚出现时，与其相关的主题基金会吸引一大波投资者关注。然而，当投资的驱动因素越来越少时，主题基金的热度就会减弱，这时对其进行投资就比较危险。所以，主题基金的投资是有时效的。行业主题也是一样，变化常常依赖于国家的发展政策与扶植计划。

因此，经常有人说，买基金也是买国运。国家的强大是我们幸福生活最根本的保障，与企业的发展更是息息相关。居民的生活越来越好，企业的前景越来越广阔，基金的收益率自然会稳步上涨。国家整体经济的发展，必然会带动各行业龙头企业的同步发展。

国运的体现就是国内企业能赚钱，并且赚得越来越多。企业越来越能赚钱则意味着每轮熊市的最低点都处于不断抬升的趋势。长期来看，牛市的高点也是越来越高的。2001年牛市时，上证指数的最高点数为2245，但放到如今来看，这个数字已经是很难再出现的低点。

只要国内经济持续发展，企业利润保持不断增长，各行业走向繁荣，股市的低点与高点就会同步上升，不断创出历史新高。

那么，我们应该如何分析某个行业主题基金的投资是否值得呢？总结市场经验，优秀的投资主题一般至少要满足以下两个条件。

（1）该主题有持续的强度，也就是说大家对它有一定认识，认为它有长期发展前途，市场的接受度比较高。

（2）该主题有周期性事件的驱动，相当于发展过程中的催化剂。

满足这两个条件的行业主题基金基本可以在保持向上发展的趋势下获得周期性焕发活力的机会。

需要注意的是，行业主题投资在宏观经济周期的不同阶段内，业绩水平分化比较明显。一般来说，在经济滞胀阶段，医药、必需消费、公用事业等行业的表现相对来说会较好一些；在经济复苏阶段，交通运输设备、房地产、银行等行业较突出；在经济过热阶段，工业和原材料等行业则是最佳选择。

通过观察国家的经济政策与发展方向来选择所投资基金的行业，可以大大提高基金投资的收益，奔向美好的前景。

3.2.2 偏股型基金涨幅大

在挑选基金之前，我们首先要了解基金有哪些类型。

按照投资对象和比重的不同来讲，基金一般可以分为股票型基金、指数基金、混合型基金、债券型基金、货币型基金等。

1. 股票型基金

股票型基金顾名思义，就是主要的投资对象为股票的基金。它在股票上投入的资金占资产净值的比例不小于80%，因此具有高流动性、高变现性的优势。股票型基金比直接投资个股的风险要小很多，但与货币型基金等相比，它的风险仍然很高。对高风险有一定心理预期和承受能力的投资者可以尝试这一类型的基金。

2. 指数基金

指数基金前文已经进行过详细介绍，此处不再赘述。

3. 混合型基金

混合型基金由于会为资产做组合配置，所以也被称为配置型基金。其配置的资产一般涵盖了股票、债券、货币基金等多个方面。这种基金最主要的特点就是以这种配置组合进行投资的方式来合理地分散投资风险。在大部分情况下，此类基金的风险比股票型基金低，同时收益又比债券型基金高，是稳中求进的好选择。

4. 债券型基金

债券型基金为主要的投资对象是债券的基金，其投资于债券的资金在总资产净值中不少于80%。它的收益更加稳定，风险也更低。因此，此类基金适合对资金的安全性需求较高，同时还期待收获稳健收益的投资者。

5. 货币型基金

货币型基金也称停泊基金，是将资产的80%用来投资央行票据、短期债券等产品的基金。这一基金最突出的优势是具有高安全性和高流动性。因此，它适合害怕风险，并希望自身资产保持较高流动性的投资者。

投资者如果有能力承担一定的风险，并且想要追求高收益，那么在众多的基金类别中，偏股型基金（以投资股票为主的基金）可以成为首选。

偏股型基金可以被看作是混合型基金的一种，主要偏向于对股票的投资，其股票投资占资产净值比例的范围通常为50%～70%。由于它以股票投资为主，所以收益率较高，一般年收益可达20%左右，但风险也较大，有可能收益是负数。其风险虽然和偏债型基金等相比依然较高，但相比于标准的股票型基金，它可以通过专家管理和产品组合多元化最大限度地分散风险。

3.2.3 历史业绩稳定上升

对基金进行客观正确的业绩评价也是投资前不可或缺的准备。投资者需要优先选择业绩表现良好的基金，毕竟没有人想要投资很大可能会亏损的基金。基金业绩评价需要一定的方法和标准，投资者可以参考以下四个指标来判断基金的业绩水平。

1. 总资产净值

总资产净值要按照投资组合中现金及股票、债券等有价证券的总价值来计算，通常以证券交易所公布的当日收盘价为参考依据，所以每天都会存在差异。如果一只基金的总资产净值处于增长状态，说明它的业绩较好，可以投资；相反，这项投资将是非常有风险的。

其计算公式为：总资产净值＝总资产－总负债

另外，总资产必须减去该基金需要支付的利息和股息之和。总负债主要是指从银行间拆借市场借入的资金、支付给基金公司的管理费以及托管机构的托管费等必要费用。

总资产净值的增长来自三个方面：投资收益（利息、股息收益和资本增值）、基金吸收额的增加和费用的减少。其中最重要的是投资收益。如果基金经营状况良好，投资收益高，则会吸引更多的投资者投入基金，使基金的总资产净值高于平均水平。

2. 单位净值

单位净值等于总资产减去总负债的余额除以基金发行单位总数。

其计算公式为：基金单位净值 ＝（总资产 － 总负债）÷ 基金发行单位总数

这里的总资产是指基金包含的所有资产。总负债是指该基金在经营和筹资过程中形成的负债，包括应付给他人的各项费用和应付资本利息等。基金发行单位总数是指当年发行的基金单位的总数。

3. 投资报酬率

投资报酬率是指投资者在持有基金的一段时间内，该基金价值的增长比率。对于投资者来说，投资报酬率越高，说明基金的盈利效果越好，他们能获得的收益也就越多。

其计算公式为：投资报酬率 ＝（期末净资产总值 － 期初净资产总值）÷ 期初净资产总值 ×100%

对于开放式基金而言，投资所得不需要进行提取，而是继续投入下一轮投资，这时投资回报率的公式也略有不同。

投资报酬率 ＝（期末净资产总值 － 期初净资产总值 ＋ 利息 ＋ 股利）÷ 期初净资产总值 ×100%

4. 夏普比率

夏普比率的作用是衡量基金绩效情况，它的计算方法很简单。

其计算公式为：夏普比率 ＝（基金预期年化报酬率 － 年化无风险利率）÷ 基金年化报酬率的标准差

它的优点在于对投资的风险与收益进行了综合考虑，如果计算结果为正值，就说明基金预期报酬率高于无风险利率，在这种情况下适合进行基金投资。此数值越大，就代表该项投资的回报率越高。

3.2.4 评级高，风险低

基金评级是指评级公司通过对基金的相关数据信息进行收集，之后再运用科学的分析方法，根据不同的标准，对基金进行排序和分级的做法。

在大部分情况下，对基金进行分级需要综合考查风险和收益两大方面。也就是说，评级越高的基金基本上收益就越高，风险也越低。基金的评级机构有很多，它们在评级策略上有所不同，如表3-1所示。

表3-1 基金评级机构及其评级方式

机构	主要评级方式
晨星	首先对基金进行分类，以分析基金的投资组合为基础，把具有不同风险收益特征的基金区分开，衡量基金的总收益，计算基金的风险调整后收益指标MRAR。采用星级评价的方式，根据风险调整后收益指标，对不同类别的基金分别进行评级，共划分为5个星级，每个月进行一次
理柏	采用了Hurst-Holder指数。把该指数分为两组，大于0.55的可认为其过去和未来的业绩持续性都比较好，小于0.45的可认为其业绩持续性较差。每一组都按照计算结果得出有效回报率并进行排序。除此之外，理柏还会计算基金的保本能力，把费用和税收单列考虑。最后，将这几个指标分开排序加权计算，得到基金的排名，每个星级的数量各占20%，共5个星级
银河证券	评级主要采用两种方式——客观评价和主观评价。在考查业绩时不仅参考区间收益，还要参考季度平均和月度平均收益，并为它们计算出一个标准分。对标准差也要进行同样的标准化处理，得到风险评分。收益评分减去风险评分，得到风险调整收益得分，将其从高到低排列，5个等级的数量各占20%
海通证券	海通评级方法只计算四个变量——简单收益、风险调整收益、持股调整收益、契约因素，四者权重分别为35%、30%、20%、15%
济安金信	此评级比较重视基金产品是否合规与守约的刚性规定，剔除违反法律法规、明显不符合基金合同约定的产品。其评级原则为类推原则、相关性原则，但最终评价标准为能否为投资者提供长期稳定的投资回报

虽然这些规则看上去较复杂，但实际上评级方式大致相同，都是先将基金进行分类，再根据具体设计内容进行打分。一般分为5个星级，星级越

高，则基金的可靠度越高。投资者在挑选基金时，需要寻找权威的评级机构进行审评。

基金评级有着重要的意义。对于投资者来说，基金评级是对基金的基本评判标准，会将其视作一个重要的参考指标；对于基金本身的管理来说，基金评级可以对基金公司以及基金经理起到约束作用，对于评级好的基金则可以起到激励的效果；对于基金经理来说，基金评级在一定程度上反映了基金在市场中的状态，他们可以根据评级进行相应的策略调整；对于基金监管部门来说，基金评级能促进基金投资市场更加积极地发展；对于基金行业来说，基金评级是整个行业健康发展的必需品。

基金评级也存在弊端，即它所反映的更多是基金的历史业绩。对于股票型基金来说，在过去一段时间内业绩过好的基金，往往其对应的领域也处在红利期，但任何一个领域都很难长期处于高速增长期，当红利期过去，行业很可能会走下坡路，该行业对应的股票基金净值也有下滑的可能，这一点需要重视。

因此，投资者不能仅仅根据基金评级来挑选基金。投资者投资基金是为了获得盈利，而盈利多少并不只是由基金的好坏来决定的。有时候，好的基金做不好也会亏本，差的基金运用合理的方法也能顺利盈利。

基金公司的人员流动也会影响基金的盈亏，基金经理的水平高低不一，操控手法也不尽相同。此时就需要投资者擦亮眼睛，在利用基金评级规避风险的同时，找准基金公司和基金经理，让一切处于最佳状态，再进行投资。

第 **4** 章

定投计划：

制作自己的小账本

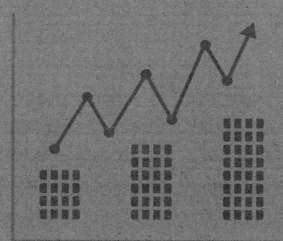

对很多事来说，制订合适的计划可以达到事半功倍的效果，基金定投亦是如此。基金定投虽然有"懒人投资"的别称，但其便捷之处仅仅在于可以定期自动投资、无须频繁转换投资标的，投资开始前仍然有许多问题需要投资者考虑。

无论何种投资都是有付出才能有回报。明确投资的目标和方向，预估定投所需的时间，挑选合适的指数基金，决定购买基金的渠道等问题，都需要投资者一一耐心处理。

投资者根据自身情况仔细制订一套清晰、完整的定投计划是非常重要的。此举能对投资者起到监督与提醒的作用，为其坚定持续下去的信心，时刻警示其严格执行计划，也能发挥回顾与总结的作用，为未来顺利定投打下根基。总而言之，一份优秀的定投计划能够帮助投资者统筹规划整个定投过程。

4.1　管理好用于定投的现金流

现金流管理是着眼于当前或未来一定时期内，根据个人或集体的投资目标，对现金流在数量、时间等方面进行的预测与规划、执行与控制以及分析与评价，旨在为实现个人或集体的财务目标提供支持。

然而，许多人还没有意识到现金流管理的重要性，导致用于基金定投的资产不合理，从而引发了本可规避的个人经济危机，或平白错失了使资产增值的好机会。我们要管理好现金流，如果现金流中断，其产生的危害将是巨大的。

个人虽然不需要像企业一般建立繁复的流动性管理模式，但可以利用其背后的管理理念做好现金流管理，从而为快速实现资产增值、提高生活质量提供助力。所以，我们最先要确立的并非精明的投资理念，而是个人资产的合理配置理念。

4.1.1 养成记账好习惯

在进行基金定投前明确自己的资产状况、梳理个人现金流是非常重要的步骤。为了更好地对自己的资产进行管理，每个人都需要弄清楚自己每个月现金的流入与流出状况。普通人的现金流入项一般包括工资收入、兼职收入、利息收入、租金收入、固定资产出售所得以及卖掉股票等权益性资产得到的资金等。

那么，每个月流出的现金又有哪些呢？衣食住行等日常生活中的必需开支，归还银行贷款的金额，出借的资金以及买房、买理财产品需要的本金等，都属于个人现金流出。

接下来我们需要做的就是确保每个月的现金流入和现金流出保持平衡，最好流入的现金金额能够大于流出的现金金额。一旦个人现金流出现负数，我们只能以积蓄来暂时弥补缺口，没有多余的钱定投基金，进而出现个人财务危机。

个人想要通过梳理现金流管理好个人财产，需要完全遵循"简单、方便、务实"的原则，养成记账的习惯，并且编制一张个人现金流量表。每个人的个人现金流量表都会有所不同，但大体思路是相似的。

我们可以将个人整体的现金流细分成三部分，即生活活动产生的现金流、投资活动的现金流、筹资活动的现金流。将三者作为一个有机整体，有助于从全局上把握个人的资金流向。

生活活动产生的现金流指的是与个人生活活动有关的现金流入与流出事项，一般包括工资收入、生活开支等。当该现金流为正值时，说明生活比较有保障；反之则说明生活收支平衡存在问题，需要尽快调整。

投资活动产生的现金流指的是与个人投资活动有关的现金流入与流出事项，一般包含买卖房产、黄金、股票等。当该现金流为正值时，说明正在投资的项目获得了回报；反之则说明正在开展的投资活动出现了亏损情况。

筹资活动的现金流指的是与个人借钱筹资行为有关的现金流入与流出事项，如借还朋友资金、借还金融机构资金等。

对现金流的归纳整理不是一次性的行为，初次的整理可以让我们了解个人资产的宏观状态，此后依然要养成记账并定期整理账目的习惯。通过记账的方式确定自己的收入和消费情况，定期对数据进行复盘和总结，对自己的财务状况做到心中有数，才能对症下药地制订计划，解决财务问题，更好地做到开源节流。

我们可以配合手机记账软件或绘制成的收支统计表格管理自己的账单。为了在减少遗漏或错误的前提下提高效率，我们可以采用"大账马上记、小账汇总记"的方法，达到简洁、清晰且便利的目的。

一个人的财务状况如何，不仅关系到他生活的质量，更关系到他未来的生存和发展。现金流管理是每个人进行投资的基础。所以，我们一定要做好现金流的统筹规划，拒绝浪费，时刻谨记量力而行，从而实现个人财富的保值、增值。

4.1.2 留下消费的"证据"

在日常生活中，我们的开支比较琐碎，一段时间后便很难再清楚地回忆起每一项消费的条目和金额。因此，很多人经常会有一种感觉：明明自己没买很贵重的东西，也没有觉得自己的日常花销很大，完全想不起来具体消费的去处，但钱就是忽然不够用了。在整理账单时，这些人经常会陷入迷茫，不知道自己为什么花了这么多钱。此时购物凭证就派上了大用场。

如果我们平时养成存留购物凭证的习惯，那么我们在核对账单时就可以清楚地看到自己将钱花在了哪里，也能够站在更加系统客观的角度直面自己的消费行为。对购物凭证进行分类集中保存，可以看出自己日常的消费结构与偏好，便于对未来的消费行为做出调整。

另外，从法律上讲，购物凭证是在交易达成后买卖双方共同认可建立的一份简易的合同，是由经营者向消费者出具的证明某一特定购买或接受服务的行为存在的证据。购物凭证证明了该行为的真实性。在日后发生相关纠纷时，购物凭证将是消费者为了维护自身的合法权益而向有关部门举报、投诉的必要条件。

养成集中保存购物凭证的习惯，不仅可以培养我们的条理性，还有助于我们提高消费中的自我保护能力，一举两得。

4.1.3 记录下每一笔收入

在日常收支整理中，大家通常更关注支出，而忽视了收入的重要性。事实上，清算自己具体的收入情况，了解目前收支的匹配度，观察自身收入的长期稳定性，并思考自己对收入变化的预期，这些都是非常重要的。

在现金流整理中，有一个概念叫"账期"。账期可以分为两种：收入型账期与消费型账期。

收入型账期对于大部分上班族来讲，就是发工资的周期。假如公司每月15日发放工资，那么对个人来说，本月15日至下月14日就是自己的一个收入型账期。如果你的主要收入来源是工资，那么对你而言最重要的就是次月14日手里还剩下多少钱。

相应地，消费型账期也比较容易理解，例如，每个月花呗、信用卡的出单日，房贷、车贷、白条的还款日，这些项目构成了个人的消费型账期。

现金项减去负债项得到的数字，就是你的自由现金流，或者也可以称之为你的个人净收入。无论净收入的金额是大还是小，我们都应该详细地计入账目。

明确了个人账期情况后，我们需要对未来的收入发展做简单的规划。想要完成更高的投资目标，我们必然不能仅仅满足于当前的收入水平。

我们需要为自己规划一个收入水平逐步提高的前景，可以包含职业道路的发展，也可以包含各项资源、产品投资的效益增值预期，对此可以咨询一些理财专家，搜集专业性的针对个人情况的建议。

如果你的收入项只有工资，过于单一，那么万一出现意外，你的抗风险能力会很低，也不能使个人资产增值。因此，开始投资对你来说就是刻不容缓的事情。

4.1.4 总结自己的消费习惯

无论是普通上班族，还是科学"省钱党"、投资客，妥善的资金管理都可以帮助我们避免许多不必要的麻烦。特别是现如今层出不穷的各式支付手段，让人晕头转向，有时等到还款时才突然发现自己已经花了这么多钱。

规划日常开销是投资过程中必不可少的步骤，如果对此缺乏完整而合适的计划，那么个人很可能会因此不得不支付过高的消费成本，从而必须缩减用于基金定投的资产，对投资效果造成非常严重的影响。

当总现金流入不足时，我们必然要控制流出项。但现实生活中有些支出是不可避免的。如果进行控制后，流入的现金流仍然小于流出的现金流，就会出现个人财务危机，如无力偿还银行本息等。此时个人征信就会受到影响，产生不良信用记录，影响个人住房贷款申请，也导致其他许多手续无法办理。

日常开销规划的目的是合理安排消费资金，树立正确的消费观念，节省成本，保持稳健的财务状况，规避发生财务危机的风险。

分类记录各种开支，对我们进行基金定投很有帮助。它一方面有助于我们对未来的基金定投计划进行梳理，另一方面可以帮助我们反思现有消费习惯。

首先我们可以列出一个年度财务需求表，将一年内可预估的支出进行整理，如表4-1所示。

表4-1　个人生活年度财务需求表示例

未来12个月的支出项目		每月	全年
固定支出和投资	租金或房屋贷款偿还		
	保险费		
	债务偿还（消费品分期付）		
	银行定期存款及投资		
	父母赡养费		
	子女教育费		
	其他		
	全年小计		

续表

未来12个月的支出项目		每月	全年
生活费	膳食费		
	服装费		
	电话费、水电费		
	嗜好（手办模型、化妆品等）		
	其他		
	全年小计		
业务开支	交通费		
	交往支出		
	文具、杂志费用		
	其他		
	全年小计		
其他杂项	学习、培训费		
	旅游费		
	俱乐部会员费		
	其他		
	全年小计		

我们不仅要列出目前所有支出项目及相应的金额，还要将各种支出进行分类，如按照重要程度将支出分成A、B、C等项目，并预估某项开支发生的可能性。

如A项为最重要的开支，将来发生的可能性较大，为80%~100%，我们可称之为固定性开支。

B项是较重要的开支，将来发生的可能性为50%~80%，我们可称之为非固定性开支。

C项为重要性较低的开支，将来发生的可能性为0~50%，我们可称之为完全非固定性开支。

然后，将各项支出进行汇总整理，就能够较好地估算出将来的支出金额。

在这里，我们假设各项开支将来发生的可能性都是最高的，那具体的计算方式为：A项×100%+B项×80%+C项×50%=支出金额。

在掌握了基本的收支结构情况后，投资者可以通过养成每日记账的习惯，定时或随时对收支进行分类分析，总结收支的实际发生额与预算之间的差距，及时调整，做到收支平衡，以实现对个人资产的科学安排。

4.2　定投计划的基本框架

虽然投资者已经明确了自己具有资产保值与升值的需求，也有了基金定投的模糊方向，但在实际运作过程中还是会出现一些问题。为了降低出现问题的概率，在定投之前，我们应该先搭建比较完整的计划框架，随后再逐渐"添砖加瓦"。

4.2.1　选产品：选一只适合的指数基金

基金覆盖的产品内容十分丰富，包括股票型基金、债券型基金、货币型基金、混合型基金、指数基金等，投资者总能在其中找到一款适合自己的产品。对于刚刚入门基金定投的新手来说，将指数基金分批买入，不但能够使投资风险变低，还能够获得相应的收益。

在所有的基金种类中，指数基金拥有非常明显的优势，如透明度高、仓位重、具有永续性、受到的人为干预少等，投资者可以放心长期持有。在众多特点各异的指数基金中，长期以来持续上涨、波动较大的指数基金最适合定投。

那么，投资者具体应当怎么挑选合适的指数基金呢？以下两个标准可供参考。

1. 选择低估值的宽基指数基金

宽基指数基金成分股涉及股票数量多、行业范围广，常见的跟踪沪深300指数、中证500指数、标普500指数的基金基本都是宽基指数基金。

在罗伯特·清崎发明的现金流游戏中，玩家会抽到一种基金卡片，卡片上标注基金代码、今日价格、价格估值范围、投资收益率等信息。当玩家看到这张卡片后，就可以清楚地判断出基金价格是高估还是低估，并据此决定如何进行下一步交易行为。如何才能做到让现实生活中的投资机会像游戏中一样清晰明了呢？

我们其实可以将高仓位的指数基金看成一只股票，以评判股票的标准评判指数基金。常见的估值指标主要有市盈率（盈利收益率）、市净率、股息率等。

投资大师本杰明·格雷厄姆认为，买点为股票盈利收益率≥高级别债券利率2倍，卖点为股票盈利收益率≤债券利率。

那么，什么是盈利收益率呢？

盈利收益率其实就是市盈率的倒数。市盈率也称"本益比""股价收益比率""市价盈利比率"，是指股票价格除以每股收益的比率，简单来说，就是指按现在的盈利水平多少年可以回本。盈利收益率＝盈利/市值，可以理解为投资1年的回报率。

如果盈利收益率远超债券的收益，投资者就可以大笔买入；如果盈利收益率低于债券的收益，投资者不如选择持有债券，安全性更高。

当然，对部分周期性行业（如证券行业）来说，参考市盈率的估值方法就不太适用，否则容易掉入市盈率陷阱。在大行情到来时，证券行业的市盈率会不增反降，但此时的投资风险已经变得很高。如果投资者按照观察市盈率的方法买入，很有可能只能当"接盘侠"。针对这种情况，投资者可以利用市净率进行估值。因为每个行业或公司的净资产相对来说会更稳定，一般很难出现大起大落的现象。

2. 选择误差比较小的基金

指数基金的主要任务是跟踪标的指数的走势，以此赚取市场的平均收益。它的终极业绩目标是将指数的走势完全复制。指数基金跟踪的是与其对应的指数，所以它持有的股票也应当是对应指数的成分股。因此，投资者需要仔细观察基金的过往走势与对应指数的拟合度，据此评价其优劣，尽量选择跟踪误差小的基金。拟合度越高的基金，收益率就会越高。

对指数基金而言，跟踪误差越小，就说明投资的效果越好。可是，跟踪同一指数的基金那么多，我们应该如何了解他们的跟踪误差呢？

主要方式有两种：一是通过基金公司定期公布的报告，其中会有关于跟踪误差的数据，以及这个误差是否符合提前设置的目标的信息；另外一种是通过天天基金网等第三方基金交易平台查询信息。

4.2.2 定渠道：选择正规渠道

在互联网时代，指数基金定投的购买渠道丰富多样，每种购买渠道都有自己的优势。接下来为大家介绍几种常见的购买渠道。

1. 通过银行等传统代销渠道定投

各大银行的柜台及官方App，是我们最常见也最容易信赖的一种购买渠道。目前每家银行的基金销售业务都发展得比较成熟。

但是，相对于其他渠道来说，该渠道的手续费比较高，一般情况下不打折。年纪较大或者不能熟练使用互联网的人群会较多地采用这种方式。

通过银行官方渠道进行基金定投主要有两种方式。

一是投资者携带本人的身份证及可用银行卡直接到网点的理财专柜进行手续办理，开通自己的基金账户，签订定投相关协议，购买银行代销的产品。

二是投资者通过网上银行进行办理，可以直接在此开设基金账户。不过有一个额外的要求：如果投资者从未在银行官方渠道办理过理财，那么开通账户后，大部分银行都需要本人前往网点进行风险测试。待开户手续办理完成后，查询、修改定投对象等投资操作均可通过网上银行进行。在此，建议投资者同时开通短信通知服务，以便及时了解个人投资账户的变动。

投资者可尽量选择自己已有账户或代销基金产品种类丰富的银行进行投资。根据恒天基金官网提供的数据，截至2022年年初，五大行的基金产品品种最丰富，其中招商银行有超过1000只基金产品，基金保有规模高达近8000亿元，工商银行次之，基金产品数量比招商银行略少，基金保有规模大约为5300亿元。而一些地方商行的代销产品往往较少，可供选择的范围十分有限。

值得注意的是，每家银行针对基金定投的规定也有所不同，投资者在进行定投前一定要问清楚具体细节。例如，有的银行可自定义扣款周期，有的银行则必须于指定时间扣款。

2. 通过第三方基金代销平台定投

不同的第三方基金代销平台，定投页面操作细节各有不同，但整体的操作流程是相似的。一般来讲，第一步都需要投资者先打开官方页面注册开户，并绑定一张银行卡。登录账户后寻找基金定投页面，即可选择心仪的基金进行操作，全程花费的时间不会太长。这些平台定投的门槛一般都比较低，大多100元起，扣款周期通常有每月、每周、双周等多种选择，具体扣款日期一般也都可以自己选择。投资者如果想要终止定投，通常也都可以在页面上直接进行操作。

截至2022年年初，代销的基金产品数量最多的平台是上海天天基金，有12000只左右。另外，同花顺基金、上海好买基金等平台也旗鼓相当。

这些新型的代销平台购买方式丰富、产品线完整，同时也提供各种基金查询服务，拥有基金对比及基金挑选等功能，且费率较低，是很不错的选择。

3. 通过各基金公司的官网及App定投

此种基金定投渠道的突出优势是费率较低，有的甚至可以免费申购。

但它的缺点同样十分明显，即投资者可选范围受限，在一个基金公司下只能开设一个账户，各官网只能购买该基金公司旗下的产品。如果投资者想要定投不同公司旗下的基金，那就需要去对应的官网分别开户，单独投资，大大增加了投资者的操作烦琐程度。

4. 场内购买

场内购买是投资者通过自己的股票账户在二级市场进行购买。封闭式基金及ETF基金必须通过此途径购买，其优点是手续费比较低。

综合考虑多种因素，在多种基金定投渠道中，第三方基金代销平台的操作最便捷。在费率优惠方面，银行渠道办理业务的折扣力度最小，第三方基金代销平台和基金公司直销的优惠较多，在平台活动期间，申购费甚至能够降至1折。

4.2.3 定频率：多长时间买入一次

很多新手在决定进行基金定投之后都会陷入迷茫：我应该设置什么时间定投？定投频率选择哪种比较好？一共需要定投多久、周期是多长？

这些问题其实没有那么复杂。

首先我们需要知道，基金定投的购入频率一般分为日定投、周定投、双周定投和月定投等。当总金额固定，随着频率的降低，时间相对应也会拉长。

定投的主要作用在于能够平摊、拉低投资者的持仓成本，增加投资者的长期收益。如果我们长期持有固定的基金，那就可以发现，定投持续的时间越长，不同定投频率之间的最终总收益差异就越小。所以，定投频率对盈利概率、平均收益的影响其实不大，不同频率的定投盈利概率都在80%左右，平均收益都在4%左右。

由于不同定投频率从长期来看基本没有什么差异，而大家的收入一般都是以月为单位获取，为了方便进行资金安排，月定投是比较普遍的选择。这样既能减少"月光"的情况，还能养成定期储蓄的习惯。

至于定投时间设置在什么时候比较合适，从整体上来讲，拉长时间段之后，差别也并不大。因为基金在发展过程中总是涨涨跌跌。投资者只要坚持定投，就能将短期波动的影响降到最低。

秉承着优中选优的原则，以过往数据为参考，经过归纳统计发现，市场下跌的情况多出现在周四和周五，这也就是我们常说的"黑色星期四"和"黑色星期五"；从整个月份来看，暴跌点大多在月末，在每月25日后的占比高达49%。同时因为大部分年份里2月只有28天，所以我们可以将月定投时间设置在每月25日至28日，便于操作。

"种一棵树最好的时间是十年前，其次是现在。"只要自己能够长期坚持下去，时间的差距便可以忽略，任何时候起步都没有问题。

4.2.4　明策略：找到合理的定投方法

在我们进行投资行为时，总会伴随着无止境的恐惧心理："我是否能赚到钱？我投资之后，是否能保证本金的安全？我是否能把握得住到手的利益？"据行为金融学研究，人们在面对自身投资亏损时感受到的痛苦，其程度是获得盈利时感受到的快乐的2.5倍。因此，我们在恐惧的情绪下更容易被影响，做出不理智的决策。

在这种情况下，遵循理性，提前设置好未来投资过程中自己必须遵守的策略，可以帮助我们规避许多投资风险。接下来为大家推荐一些比较有效的策略。

1. 投资必须严格执行纪律

为什么很多人都有理财的头脑，最后却收效甚微？就是因为欠缺了纪律性和执行力。在定投的数年间，投资者必须坚持下去，不能提前取出或随意更改。计划的执行看起来似乎不是太难的事，但贵在坚持不懈的强大自律性。

不管一份投资方案多么完美，如果投资者不严格执行，就都只是纸上谈兵、空中楼阁。

坚持下去就有更好的结果，可摆在眼前的利益似乎也还不错。于是，看着眼前的利益，有些人便越来越难以忍受其诱惑。终于，有人放弃了等待更大的、更长久的利益，决定接受眼前的利益。

知名投资人利弗莫尔给自己定下了一个10%的规则：如果自己在一笔投资中的损失超过了10%，那么不问原因，必须马上终止投资。利弗莫尔的投资都会分成几次进行，并且每一次都是在保证财务安全的前提下才进行操作，由此可见，坚持原则对于我们获得成功的重要性。

2. 永远不要孤注一掷

知名投资人索罗斯的成功取决于他克制的投资策略：从不会孤注一掷押上全部身家。

每当准备大量投资前，索罗斯都会先投入一部分小规模的资金到市场中去，然后密切关注市场反应情况，再决定接下来是否应该加大投入。就是这种"理智地冒险"型投资策略，使索罗斯面对强敌英格兰银行也能取得交易之战的胜利。在确定了市场趋势后，索罗斯会构建对冲组合，以规避来自不同方向的风险。

投资者在进行投资时，一本万利的想法是不切实际的。即使机会就在眼前，也要做好规避风险的准备，避免积蓄毁于一旦。

不少人在发现身边有人投资赚到钱后，自己也跃跃欲试。相关数据显示，从2008年起，真正从股市获利的投资者只占全体股民的16%，所以对于没有投资经验的投资者来说，要避免孤注一掷的心态。

在日常生活中，我们常会听到某人说"我看中的某只股票10天就涨了很多，当初如果全仓买入，一定能挣得更多"这样的话。但是孤注一掷，全仓投入，就能赚得更多吗？实际上这样做以后，亏损的可能性往往更大。

投资的目标是长期且稳定地获得收益，而最不平稳的事就是孤注一掷。孤注一掷就是一次赌徒的冒险，获得一时胜利后，除非离场，否则从市场中来的钱很可能还会回到市场中去。而且，离场并没有想象中那么容易，没有多少人能说到做到，见好就收。一旦失败，往往连回转的余地都没有。

在没有对市场、股票、基金等进行深入了解的情况下投入全部资金是盲目又冒险的。在有计划、有风险控制的情况下投入全部资金，则是果断的表现。两者的区别在于投资者是否对投资和风险有足够的把握。

投资者常犯的一种错误，就是将所有资金投注在一种基金上。一般来说，配置的基金越分散，投资者可能面对的风险就越小，如图4-1所示。

图4-1 投资坐标轴

索罗斯说，不要把投资当作消遣和娱乐。因为有效的投资充满理性，是在反复权衡后做出的决定，投资者不要把自己当成赌客，最好的方式就是在情况对自己有利时下注，而不是孤注一掷。

4.3　常见定投计划大盘点

在保证生活质量的同时，要让自己的钱不断增值，同时还要确保在出现突发事件时有足够的能力应对，就需要设计科学的投资方式。要达到以上目的，最有效的方法就是提前将自己的资金分好类，便于规划管理，并且针对不同性质、不同用途的资金采用不同的管理方式。在基金定投方面，采用不同的资金、针对不同的目的，我们做出的定投计划应该是不同的。

4.3.1　养老金定投计划

如今，我国人口老龄化形势越来越严峻，老年人口比重高峰逐渐逼近，经济方面也面临着巨大的养老金支出压力。同时，随着自身年龄的增长，我们也越来越无法回避养老问题，养老金的投资已迫在眉睫，每个人都应该提前做好准备。

当前市场上理财产品种类丰富、数量众多，定投基金产品脱颖而出，成为大多数投资者在准备储蓄养老金时的首选投资方式，主要原因有三点。

（1）养老金的储备需要资金的长期积累。养老金的储备是通过将每一期的盈余囤积起来，完成一定的经济积累，以便在退休后维持自己当前的生活质量。这种需要依靠时间积累的长期性投资，契合基金定投的操作方式。

（2）我国金融资产的整体波动较大，大部分收益都是在少部分年份获得的。短期参与很难获得优异的回报。

（3）长期进行基金定投能有效降低投资亏损的概率，符合养老投资对本金保障的要求。

在所有的定投计划中，养老定投计划是时间最长的，可以长达30年的时间。它也是对稳定程度要求最高的，在漫长的定投时间中，我们必须保证将来退休后离开了工资收入，自己还能维持正常的生活。

我们需要思考一个问题：退休后我们到底需要多少养老金？想要得出答案，需要综合考虑退休后的总资金需求、退休收入、基本养老金等多方面要素。

1. 确定退休的目标年龄

如果你打算55岁退休、从30岁开始定投，寿命按90岁计算，则需要准备 $90-55=35$ 年的退休金，可定投的时间即为 $55-30=25$ 年。同时，个人退休年龄越早，能拿到的养老金就越少，退休后的经济压力也就越大。并且，如果从相同的时间点开始定投，越早退休就意味着定投时间越短，若想在退休后维持当前的生活质量，每月定投的金额就不得不增加。

2. 计算需求资金

投资者需要先统计自己每年的必要支出，包括衣食住行、休闲娱乐、医疗等各个方面。之后根据养老收入替代率的国际标准（70%～85%），用每年的必要支出额乘80%。最后，考虑通货膨胀率，估算出退休那一年所需资金的终值。

3. 预测退休后收入

退休后收入主要包含社会保障、企业年金、商业保险、投资收益、兼职收入等多个来源，投资者应当对其有一个大致的预期。

4. 计算退休金缺口

退休金缺口＝退休后总资金需求－退休后收入－已有退休金终值－基本养老金

已有退休金终值可以是退休前进行储蓄、投资等的金额，但要注意不包括养老定投计划所用的资金。

5. 制定并调整方案

如果最终计算出的养老金缺口较大，压力较重，则可以对该方案进行调整，如适当降低对生活质量的要求、合理推迟退休年限、考虑退休后兼职、更换收入更高的工作、提高投资收益率等，最后重新计算出退休后我们需要多少养老金。

根据退休后需要的养老金数额（FV）、定投年限（n）以及年复合收益率（i），我们就可以通过年金公式推算出每月需要定投的金额了，即定投年金（PV）。

$$PV = \frac{FVi}{(1+i)^n - 1}$$

我们可以挑选2~4只基金进行组合，以指数基金为主，长期纯债基金为辅。以这个组合做20年定投计划，可以每月固定金额，连续投资20年，中间适当调仓，并坚持长期持有。定投金额根据自己手里的资金多少来决定，一般是扣除各项费用和开支的净收入的一半或四分之一。

到55岁后，我们可以选择结束定投，也可以选择继续定投，到了60岁后调整为长期纯债基金。从65岁开始，我们就可以每月取出一定的金额满足自己的养老日常花费。

在养老金定投计划中，最重要的就是投资策略：退休前只投入不取出，分红方式选择红利再投资，退休后分红方式改为现金分红，优先使用分红作为养老开支，如果不够再选择按需赎回本金。

除此之外，近些年我国也正式推出了一种创新型公募基金——养老目标基金。2018年8月6日，首批养老目标基金获准发行。该产品的主要目标是使投资者的养老资产能够长期稳健地增值。它使用较成熟的投资组合配置策略，掌控其波动风险，鼓励投资者长期持有。

养老目标基金分为两类：一是目标日期型养老基金，以投资者的预计退休日期为出发点，依据人生不同时期的风险承受能力变化调整配置方案；二是目标风险型养老基金，要在不同时期保持资产组合的风险恒定，投资者可在自身风险允许的范围内选择风格相符的目标风险基金。

现在养老目标基金这一创新型产品离得到广大投资者的认可尚有一段距离。但根据证监会发布并实施的一系列法律法规可以看到，监管层一直在大力推动公募基金融入国家养老金制度改革，努力通过公募基金完善第三支柱养老金体系。未来该类产品必将进一步发展，也将更加丰富，走向多元化。

4.3.2 子女教育定投计划

养育子女最大的支出项目就是教育相关费用。从婴幼儿培育开始，历经学前教育、九年制义务教育等，到子女成年接受高等教育，甚至中途还可能计划出国留学……父母在子女教育上的投入要远远大于其他生活开销。

所以，如何设计好子女教育定投计划是父母们必须考虑的问题。汇丰发布的全球调查报告《教育的价值：未来的基础》显示，父母重视子女教育并非止步于纸上谈兵，而是已经采取了积极行动，早早就开始为子女未来的教育经费进行财务准备，包括预估费用投入、选定筹措方式、计算筹措时间等。

调查显示，很多父母对提前筹措子女教育经费都十分重视，如需在财务上进行取舍，他们最不愿意放弃的就是子女教育开支。

在子女教育定投计划中，首先要确定的是子女的教育预算区间。一般来讲，子女的教育生涯可分为幼儿园3年、小学6年、初高中6年、大学4年以及研究生3年。如果有出国留学的计划，则需要在对应的时间区间内再增加额外预算。

投资者在制订具体的子女教育定投计划前要先进行教育相关信息的收集和分析，初步勾勒对子女的教育预期。但要注意的是，教育金的规划还要考虑子女的意愿，同时也要明确不同教育风格的费用差异是很大的。

制作子女教育定投计划大致可分为四步。

（1）列出期望子女将接受教育的程度，确定定投期限。

（2）根据父母自身实际经济情况，确定定投周期与定投方式。

（3）整理每月可预留的资金和想要积存的金额，决定各周期要定投的金额。

（4）遵循制定好的定投策略（坚持定投、止盈不止损等）。

在此基础上，如果有余力，还可以考虑子女的兴趣特长培养等。

纯债基金等中低风险投资品种的主要特征在于求稳，适合用来积蓄基础教育费用以及近5年内比较明确的教育费用支出。指数基金的收益和风险相对较高，对短期波动承受度也较高，可换取较高的长期收益。投资者可以通过它让子女的教育金更加充裕，尽可能达到学费目标的理想值。

4.3.3 购房置业定投计划

在大部分人的人生理想中，都会有购房置业这一项。可是，动辄上百万元且波动不断甚至一路走高的房价对于很多年轻人来说，似乎是遥不可及的。基金定投或许能帮助我们实现购房置业的梦想。

首先我们要确定，自己是打算贷款买房还是全款买房，如果是贷款买房，那么自己每个月能承受多大金额的债务？

全款买房与贷款买房各有利弊，如表4-2所示。

表4-2　全款买房与贷款买房对比

	优势	劣势
全款买房	支出少 流程简 易出手 长期压力小	短期压力大 变数大 风险大 丧失很多机会成本
贷款买房	花明天的钱圆今天的梦 把有限的资金用于多项投资 银行替你把关，风险小	债务重 流程烦琐 不易迅速变现

投资者对自己未来所购房产的大小、总金额以及付款方式有了大致的预期，就可以以最后得到的所需金额为依据，制订具体的定投计划。

在购房置业定投计划中，我们可以适当增加一些高风险、高波动的基金，以追求更高的收益率，加快定投金额目标的完成速度。

4.3.4 年终奖定投计划

每到年末，很多人都会收到公司发放的一笔年终奖，对于这笔资金，很多人的第一想法就是进行一些平时不太舍得的消费活动，来犒劳一下辛苦忙碌了一年的自己。但也有很多投资者的处理方式是将它管理起来，规划投资、以财生财。

那么，我们如果要投资这一笔资金，选择什么时间最好呢？

根据以往的市场表现，我们会发现一个奇妙的规律：在过去十几年里的大部分情况下，每年的2月，股票市场都会平均上涨4%左右。所以，投资者如果想要用年终奖进行定投，最好选在春节前操作，大概率能节约一些成本资金。

年终奖的金额通常较小，投资者可以预留置办年货的资金，将剩下的资金一次性投入到低估指数基金上，这并不会对之前进行的定投计划产生太大的影响。每年拿到年终奖时，我们都可以按此操作，等同于在原先的定投计划外增加了一个按年定投的计划，长期下去也会有较可观的收益。

如果业绩较好，拿到了金额较大的年终奖，则可以按"100－家庭成员平均年龄"的策略分配。例如，某家庭成员平均年龄为40岁，那么该家庭就可以把大额年终奖的60%投入到低估指数基金中，剩下40%的资金用更稳妥的方式进行规划，如投入优秀的债券基金品种中。这60%的资金也可以做进一步的规划，如更细致地将它分为12份，纳入日常的月定投。

需要注意的是，家庭资产计划应在年终奖到来前制订。在投资前，建议投资者预留一部分应急资金，不要把所有钱都投资于流动性较差的产品。尤其是春节期间，购买年货、孝敬父母、和朋友聚会，这种必要的生活支出还是比较大的，所以在手里留一部分备用的零花钱非常有必要。

虽然每个人的年终奖金额不尽相同，但总有与之相对应的投资方法和途径。以下为大家提供一种分类投资方法，以供参考。

1. 年终奖金额在1万元及以下

对于年终奖金额在1万元及以下的职场新人而言，年终奖的投资规划应首先偏向于风险低、比较安全的产品，兼顾收益和资金灵活、容易变现，能够应付短期的资金紧缺。

2. 年终奖金额在1万元以上3万元以下

纯粹的低息保本投资一般不能满足这部分人的需求，可以适度提高风险偏好，在保证资金流动性的基础上冲击高收益。

3. 年终奖金额在3万元以上5万元以下

资产越多的人一般对投资越有研究。有经验的投资者可适当调整风险等级；如果是投资经验较少的人，可优先选择安全性高的产品。

无论如何，投资者必须要理性判断自身的风险偏好及投资对象的风险级别，切忌购买超出自身承受范围的产品。

第 **5** 章

指数估值：

如何"抄底"买基金

我们在指数基金投资中经常听到这样的评论："这只股票估值过高""A股估值已经很低""目前指数估值过低，正是定投的好时机"……那么，究竟什么是估值？指数估值究竟怎么看？它是不是意味着定投的时机到来了呢？本章将为大家详细介绍估值的含义与方法，以及相关的注意要点。

5.1　估值是什么

很多投资者都非常看好指数基金定投这种投资方式，因为它的主要参照物——指数，可以非常直观地反映当前整个市场的状态。估值则是投资者针对指数所反映的市场状态进行投资策略判断的主要依据，是指数基金定投中十分常见也十分重要的概念。

5.1.1　估值的概念

在详细了解指数的估值方法前，我们首先介绍一下估值的含义。

通常情况下，公司的总资产额和获利能力决定了它的内在价值，而这又影响着它的上市价格。身为投资者的我们能观察到的，主要是其上市价格的变化。

所谓估值，就是人们用来评估股票、基金、指数等某项资产当时的价值的过程，简单来说，就是衡量某件东西是物超所值还是有价无市。

例如，一件商品的估值是500元，但此时售价是300元，那么立刻买入就非常划算；但如果过了一段时间，其售价涨到了800元，那就最好选择观望或放弃。

在具体买卖某只股票时，我们也会根据各种信息估计股票的价值，然后与当前价格进行对比，来判断它当下是否值得购买。

大多数投资散户习惯通过价格判断股票的贵贱，通过点数去判断市场的高低，这种方法其实很容易产生偏差。因为不同股票的规模、盈利能力、增长率完全不同，价格数据所代表的状态也完全不同。同样，2010年和2020年的4000点，虽然点数相同，但其估值天差地别。

所以我们得出一个基本结论：要想判断一个东西的贵贱，除了它的价格之外，我们还必须要知道其价值。用价格和价值进行对比才能得出结果。

指数作为一系列股票的集合，也可以用同样的方法进行估值，这就是我们平时所说的指数估值。

估值最常用且最有效的指标是市盈率。一般我们所说的指数估值，代表的就是当前指数成分股的整体市盈率估值。它是对某个指数涵盖的全部上市公司的数据进行计算，最终得出的整体平均的结果。它是衡量指数价值的指标，可以反映这个指数整体的估值水平。不同指数之间可以用该数值进行对比，某个单一指数也可以用当前的数据与自身的历史状况进行对比。

指数估值能协助我们判断当前状况是否适合买入，也能用来分析当前市场水平是否高估、后期预计有多少下跌空间等。

指数由成分股构成，指数估值也就是所有成分股估值的集合。从投资价值的层面来看，如果某只股票的市盈率此时处于低估状态，那么投资者低买高卖，后期盈利的概率会较高；如果处于高估状态，则当前不值得购买。放到指数估值中也一样，投资者可以通过比较历史估值数据与当前估值情况进行一系列判断。

需要注意的是，一般过往业绩不能完全预示未来表现。**市场有风险，投资需谨慎。**

5.1.2 常见的两类估值方法

目前市面上流行的估值方法有很多种，但从原理上总结，我们在对指数进行估值时，一般采用的是两类方法：相对估值法与绝对估值法。

1. 相对估值法

相对估值法，主要是对历史上一只指数基金所跟踪指数的某个指标进行计算，得出当前指标在历史指标中的位置。一般是当前市盈率在历史市盈率记录中的相对位置、当前市净率（PB）在历史市净率记录中的相对位置，当然也可以是其他指标，如每股收益等。

相对估值法是所有指数估值方法中最常见的一种，其使用的指标包括市盈率、市净率、股息率、净资产收益率等。运用该方法计算出的结果是一个倍数。它们都可以用来对比不同行业之间以及某行业内部的不同公司之间的相对估值水平。

相对估值法的核心在于参照物。这个参照物可以是同类比较，也可以是历史比较。

在相对估值法的所有指标中，市盈率是最常用来评估当前股价水平状态的指标之一，是非常具参考价值的股市指针。市盈率（P/E或PER），也称"本益比""股价收益比率""市价盈利比率"。它指的是在一个考查期（通常为12个月）内某股票的价格和其每股收益的比率。它相当于市场上公认的公司未来持续盈利的能力。

其基本计算公式为：市盈率＝股票价格/每股收益（EPS）

相应地，指数市盈率＝指数总市值/成分股净利润总和。

对于公司来说，市盈率则为该公司的股票市值除以年度股东应占溢利。

以不同的盈利计算方法划分，市盈率可分为三种：静态市盈率、动态市盈率和滚动市盈率。

在计算静态市盈率时，我们参考的是该公司上一财年的净利润。例如，在2020年12月计算某指数的静态市盈率时，其净利润使用的是该指数持仓股票在2019年的净利润。

在计算动态市盈率时，我们参考的是估算出的公司未来一年内的净利润。例如，在2020年12月计算某指数的动态市盈率时，采用的是预测出的该指数持仓股票在2021年的净利润。

在计算滚动市盈率时，我们参考的是公司过往最近的四个季度的净利润。例如，在2020年第四季度计算某指数的滚动市盈率时，采用的就是该指数持仓股票在2019年第四季度与2020年第一季度到第三季度的净利润之和。

其中，静态市盈率被讨论得最广泛；动态市盈率最值得我们关注与研究；滚动市盈率的时效性相对而言更强，因此，估值时其实最适合选用它来作为指标。

除此之外，还有一些特殊的市盈率数值需要投资者了解。

（1）席勒市盈率。席勒市盈率是使用计算对象过去10年的平均净利润作为分母的计算方式，计算方法为市值/过去10年平均净利润。

（2）中位数市盈率。中位数市盈率是将该指数的全部成分股按照各自的市盈率数值从高到低进行排序，最后取最中间的数据作为最终结果。

如果指数各成分股的平均市值差异较大，则可以辅助参考中位数市盈率。例如，在牛市中，某指数的中位数市盈率已经进入了高估区域，表示该指数中的大多数成分股都达成了较大幅度的上涨，可能即将面临一定的风险。

市盈率指标一般更适用于基本面和业绩增长长期比较稳定、周期性较弱的公司。某个单独的公司经营状况的不确定性，很有可能会使市盈率估值法失去其应有的效果。指数成分股数量大、种类丰富，可以对冲个股的风险以及行业和个股的不同特性，这刚好满足了市盈率估值法对稳定性的要求。所以，对指数估值来说，使用市盈率指标非常合适。

一般来讲，影响某股票的市盈率的因素主要有以下四点。

（1）上市公司预期获利能力的高低。如果某上市公司的预期获利能力在持续提高，那么即使它目前的市盈率水平较高，也依然值得投资者继续对其进行投资，因为其市盈率未来会随着公司的发展而不断变化。

（2）上市公司未来的成长性。想要上市公司的收益持续提高，其未来的成长能力也非常重要。投资者更愿意为成长性强的公司股票做出较大的投入，以赢得更佳的成长收益。

（3）投资者收益率的稳定性。如果上市公司的经营效益良好且稳定，投资者就更愿意持有它的股票。由于该公司被市场普遍看好，其未来的市盈率也会有所提高，投资者要注意这一点。

（4）利率水平变动。当市场整体的利率水平发生变动时，市盈率也将做出相应的改变。利率与市盈率的转换关系通常可以用下式表达：

市盈率 = 1/1年期银行存款利率

该公式可用来帮助投资者衡量某上市公司的市盈率是否处于合理水平，但其结果并非百分百可靠。例如，许多因自身良好的成长性而被市场普遍看好的高科技上市公司，其市盈率就会相对较高。

如果投资者想要用市盈率评判某股票的投资价值，就需要注意如下三点。

（1）投资对象的优劣与否，只有通过比较才能够准确判断。客观上讲，目前并不存在一个能够完全清晰地划分投资对象优劣的绝对指标。我们要对市盈率进行考查，必须参考在特定经济环境中的市场利率变化情况。在市场利率降低的情况下，市盈率可能略高，但仍具有投资价值；在市场利率上升的情况下，市盈率的合理性也会发生变化。

（2）不要过于放大市盈率指标对投资价值评估的效果。市盈率属于在短期内的静态指标，只能够展现某一段时期内的证券投资收益情况。而投资者在进行权益性投资时，主要需要考虑的是长期性。我们不仅要观察当时的收益情况，还要预测未来的收益发展，而市盈率指标在这方面就有很大的不足。

（3）用市盈率衡量单一公司股票的准确率不一定很高。当市盈率被用来衡量整个大盘的估值水平高低时，是最具参考意义的指标，但如果用来判断单个股票的估值，难免会有失偏颇。它必须结合风险水平，才能协助投资者做出合理的投资价值评判。因此，投资者在不同的股票之间进行选择时，不能单看市盈率这一个指标，而应该综合考虑多项因素。

除了市盈率以外，还有一个常用的指标：净资产收益率。

净资产收益率又被称为股东权益报酬率、净值报酬率、权益报酬率、权益利润率、净资产利润率等，是净利润除以平均股东权益得到的百分比率，也是公司的税后利润额除以净资产总额得到的百分比率。它是反映公司盈利能力及经营管理水平的核心指标。

该指标对于评判股东资金的使用效率情况非常重要，能够体现公司股东权益带来的收益水平，并用以测算该公司对自有资本的运用效率，也就是公司的自有资本获取净收益的能力。其数值越高，表示投资产生的收益越高。

通常来讲，一家公司负债水平的上升会带动其净资产收益率的提高。当公司的净资产保持不变时，该公司股票的净资产收益率越高，公司的净利润也就越高。其计算公式为：

净资产收益率（ROE）＝公司净利润（E）/公司净资产（B）

2. 绝对估值法

与相对估值法不同，绝对估值法首先需要对某一家上市公司历史与当下的基本面进行分析，并预测能体现该公司经营状况的相关财务数据的未来变化。之后先得到估值对象的内在价值，然后将这一结果与估值对象此时的价格做对比，得出结论。这一估值方法的核心是以投资对象未来能产生的现金流为关注点进行测算。某类投资品种在它的整个生命周期内能够产生的全部现金流的折现值总和，就是它的绝对估值。

绝对估值法常用的计算模型主要有股利贴现模型、自由现金流贴现模型和剩余收益估值模型等。

股票价格的波动通常会以该股的内在价值为中心。绝对估值的作用在于帮助投资者发掘处于被低估状态的股票，在其价格与内在价值差距较大时买入，在其价格回归到内在价值的水平甚至达到更高水平时将其卖出以获得盈利。

从原理上看，绝对估值法计算出的结果更贴近股票的真实价值。一般来讲，资产未来的现金流确定性越高，绝对估值法得出的结果就越精准。所以，绝对估值法不太适用于股票估值。

相对估值法和绝对估值法都是指数投资中不可忽视的参考法则。绝对估值主要体现的是指数自身在当前的情况，而相对估值强调的是对比，通过树立一个标准参照物体现指数当前偏离标准的情况。以这两个重要指标为依据，我们可以更精准地对投资的有效性进行量化。在众多参考策略中，没有任何一种策略是完美的，每一种策略都有自己的优缺点，也都有自己更加适用的对象类型。

在实际应用时，投资者可以将它们结合起来，更好地完成估值。

5.1.3 判断估值的技巧

前文已经了解了估值的两大方法及各自的原理，那么，指数估值怎么样才算低估或高估呢？

一般情况下，我们主要利用市盈率判断指数估值的高低。针对某单一指数的市盈率的计算方法为，用其成分股的总市值除以它们所属公司近一年来的净利润。而金融行业通常会采用市净率这一指标判断估值的高低，针对某单一指数的市净率的计算方法为，用其成分股的总市值除以它们所属公司近一年来股东的权益收益。关于市净率，本书将在下一节进行详细介绍。

举例说明，某只银行股的市盈率为10倍，代表它此时的股价是每股收益的10倍，另外一只银行股的市盈率为15倍，若仅通过市盈率的大小进行判断，似乎前者比后者更便宜。

如果整个银行业此时的平均市盈率为12倍，那么第一只银行股的市盈率就低于行业整体的平均水平，我们可以说它此时的估值较低，价格水平是被低估的状态。相应地，第二只银行股可以被看作估值较高。

如果某只股票当前的市盈率位于低估状态，此时买入相当于低买高卖，赚取盈利的可能性会较大。如果此时处于高估状态，高价买入，则很难再以更高的价格卖出，赚取盈利的可能性较小，不值得投资者立刻买入。

通过相对估值法对比不同公司的估值大小，能够筛选出一部分在市场中相对处于低估状态的公司。但这并不是绝对的，例如，在牛市中，几乎所有股票的估值都会高于平时的普遍水准。

在这里就需要强调相对估值的"相对"性，也就是说，估值得到的数字并不是股票价格的直接参考值，投资者仍需要将其与历史值或其他股票进行比较，才能够看出当前所处的估值水平是高还是低。

在运用相对估值法时，我们可以将指数当前的估值水平与其历史估值水平的高低进行比较。如果当前的估值与历史估值相比在相对低位，那么此时该指数就是低估状态，反之则是高估状态。

总结历史经验，我们可以得出一个结论：某指数的市盈率越低，代表其估值越低，对投资者来说就越具有投资潜力，但同样也有可能意味着大部分投资者并不看好该公司的发展；反之，其市盈率越高，估值会越高，存在泡沫的可能性就越大，但同样也可能意味着投资者普遍看好该公司，对它未来的高速发展抱有期待。

我们可以将某指数估值与一个比较成熟的市场对比，如美股。一般来说，它们的熊市市盈率普遍位于5～10倍，牛市市盈率则会上涨到20倍左右。不过也有例外，如创业板。历史数据显示，创业板的市盈率上涨到60倍以上才算高估。

由此，历史百分位的重要性就凸显了出来。不同市场、不同行业，指数的市盈率水平会有很大差别，参考历史百分位是一种更加科学的方法。

历史百分位有两种计算方法，一种是时间轴百分位，另一种是绝对值百分位。

时间轴百分位＝该指数历史上所有低于当前市盈率的市盈率值出现的天数/该指数历史上所有交易日天数

这个数据表示当前市盈率值比历史市盈率值高的概率。市盈率百分位一般使用指数近5年来市盈率的数据进行计算。

这种计算方法的弊端在于对某个估值水平进行了时间加权，因为市场底部或者顶部都非常短暂，所以可能导致投资者判断这个指数进入高估区间过早或进入低估区间过晚。

绝对值百分位＝（目前估值－历史最小）/（历史最高－历史最小）

这种计算方法的特点是简单，但历史的最高未必能再次触及。例如，沪深300指数在2015年的牛市的估值水平，还是低于2007年的估值水平的。在实际运用中，时间轴百分位更受大家欢迎。

搞清楚历史百分位的概念，我们就很容易判断当前指数是处于低估还是高估了。

例如，某指数的市盈率下跌到10倍时，假设已经到了15%的时间轴百分位上，也就是说，历史上只有15%的时间市盈率小于10倍。那么，当该指数估值为10时，已经是比较低的水平，是适合买入的机会。

如果有人只告诉我们，沪深300指数目前的市盈率是11.77倍，我们是无法判断这个估值水平的高低的。但是，如果有人告诉我们，它的历史最高市盈率是25倍，而且历史上仅有42.97%的时间估值水平比这个低，那么，这个估值的时间轴百分位就是42.97%，通过这个数据，我们就可以意识到，目前的估值处于适中水平。

当市场普遍情绪处于狂热状态时，会有很多人被吸引入场，市场整体的估值水平就会被拉高，股票价格也将一路走高；而当市场情绪悲观时，投资者又会被感染，争先恐后地将手中的股票抛售出去，此时即使是好股也会下跌，导致估值水平下降，股价变得"便宜"。

所以，识别指数估值水平的变化、了解估值当前所处的位置对于每一位投资者来说都有重大的意义。投资者如果在市场氛围低迷、估值水平低时买入，在市场情绪高涨、估值水平高时卖出，就有更大的概率赢取超额收益。

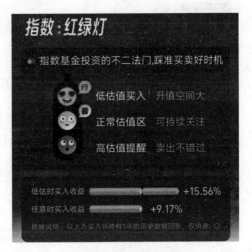

许多投资平台现在都可以查看"指数红绿灯"，如图5-1所示，可以帮助投资者更直观地看到估值情况。

图5-1　指数红绿灯

5.2　估值有关的注意事项

除市盈率与净资产收益率外，在估值中还有一些需要我们关注的概念，如市销率、市净率、股息率等。

市销率的概念较简单，使用频率也较低。对上市公司整体来说，市销率等于该公司的股票市值除以其营业收入；对公司单只股票来说，市销率等于该公司每股股票的价格除以其营业收入。

市销率这一指标适用于对所有股票与指数进行估值，但其缺点在于不能反映公司的成本变化，因此比较适合对初创型公司和高新科技公司进行估值。

接下来将详细介绍更常用的市净率与股息率。

5.2.1 市净率：每股股价与每股净资产的比率

从公司整体的层面上看，该公司的股票市值除以该公司的净资产得到的结果即为市净率；从公司单只股票的层面上看，该公司每股股票的价格除以每股对应的净资产得到的结果即为市净率。

公司的净资产即为公司的账面价值（公司的总资产减去总负债），是资本金、资本公积金、资本公益金、法定公积金、任意公积金、未分配盈余等多个条目的合计值，代表全体股东共同享有的权益。

公司的经营状况决定着净资产的多少。整体的业绩表现越优秀，其资产的增值速度就越快，股票净值就越高，股东所享受的权益也越多。对于大部分公司来说，净资产额通常比盈利额有更高的稳定性。因此，这一指标可以用来评估盈利状况浮动较大的周期性指数。

市净率在评估高风险公司以及实物资产占比较大的公司时尤其受重视。通过市净率定价法进行估值主要有三个步骤，如图5-2所示。

根据审核后的净资产计算发行人的每股净资产

根据二级市场的平均市净率、发行人的行业情况（同类行业公司股票的市净率）、发行人的经营状况及其净资产收益等拟定市净率

依据市净率与每股净资产的乘积决定估值

图5-2 市净率定价法估值的三个步骤

市净率这一指标可以用于对股票进行投资价值分析。一般情况下，市净率较低的股票，其投资价值往往较高；反之，其投资价值则较低。但在对投资价值的高低得出具体结论时，我们还需要综合考虑市场整体环境、公司经

营状态、未来盈利潜力等多方面因素。例如，钢铁、电子等类型的公司本身就拥有强大的实力，经营环境好，泡沫少，应对风险能力较强；互联网公司属于虚拟经济，泡沫较大，就算其市净率低，也很有可能出现较大的风险。

相较于市盈率，市净率估值的优点主要在于，净资产比净利润更稳定，波动更小。但如果净资产价格不稳，市净率也会失效。一般在计算净资产时，我们采取的方法是将各成分股的净资产按照权重比例相加，这样可以避免个别公司净资产不稳定造成的影响。

另外，市净率这个指标不适用于短线操作，比较适合长期投资者使用。

市净率的相关参数主要有三个：净资产收益率、贴现率、增长率。如果公司的利润不增长，则市净率＝净资产收益率（ROE）/贴现率（r），r值一般取10%左右。

大多数公司的净资产收益率会长期和社会平均的股权投资回报率保持一致，短期内太高或太低都会导致竞争对手的同步变化，从而使得公司的净资产收益率始终围绕10%上下波动。因此，大部分公司的合理市净率都在1倍左右；如果公司有所发展，就会略微超过1倍。仅有少数公司能够长期拥有较大的竞争优势，导致其净资产收益率远大于10%。那么在这种情况下，该公司的实际价值就会远远超过其账面净资产，合理市净率也会达到更高的倍数。

市净率常见的误用情况主要有以下三种。

1. 市净率低与有价值不一定画等号

公司的净资产收益率是市净率的一个重要影响因素。因此，股票的市净率跌破1倍，很有可能是因为其公司的盈利价值非常低。投资者投资这类型的公司很容易踏入深坑。

2. 资产重估或资产虚增压低了市净率

尽管账面净资产与净利润不同，变动幅度较小，但如果公司有财务造假的问题，账面净资产的实际价值其实非常低，市净率也会对该公司的价值高估。

3. 风险过高

贴现率也是市净率的一个非常重要的驱动因素。若公司在经营中承担了过高的风险，就有很大概率因为某个判断的失误，导致其账面净资产全部损失。

5.2.2　股息率：一年总派息额与当时市价的比率

股息率也称股息发放率，等于公司一年内的派息总额除以该公司当时的市值。

该指标是投资收益率的简化形式，反映的是公司的股息分配政策和股息支付能力。例如，某公司当前的市值为200亿元，一年内共派息10亿元，那么它的股息率则为10亿除以200亿，等于5%。股息率可以帮助投资者从公司分红的角度来评估公司和指数为我们创造的收益率。在投资过程中，股息率的高低是衡量公司是否具有投资价值的一项重要标准，股息率越高，就意味着该公司的投资价值越大。

股息率也是投资者在挑选收益型股票时的一项非常重要的参考标准。如果某只股票的年度股息率已经持续多年稳定高于银行1年期的存款利率，则该股票就能够被视为收益型股票。在挑选其他类型的股票时，股息率也是主要的参考标准之一。

此外，决定股息率水平的还有股价的高低。例如，有A、B两只股票，A股的股价为10元，B股的股价为20元，两只股票同样发放每股0.5元的股息，则A股5%的股息率要明显优于B股2.5%的股息率。股息率是投资者预期收益率的重要因素之一。

股息率主要有以下三种分类。

1. 即时股息率

即时股息率等于一只股票的分红除以这只股票的即时价格。计算中用到的股票的分红数据都是最新一年度已经完成了的分红数据。

即时股息率有利于检测我们关注的某只股票在现价（当前的即时价格）下的投资价值。它的缺点是受偶发性因素影响较大，准确率不稳定。

2. 加权平均股息率

加权平均股息率是为这只股票几年内的分红求出一个平均值，然后用它除以这只股票的即时价格。

假设一只股票的分红情况如下。

该股票2017年每股分红为A元，2018年每股分红为B元，2019年每股分红为C元，2020年每股分红为D元，2021年每股分红为E元。

那么这只股票这5年内的分红平均值为（A＋B＋C＋D＋E）/5，设其计算结果为F，那么该股票这5年的加权平均股息率＝F/该股即时的价格。

加权平均股息率可以反映股票的长期分红能力，有效地减少偶发性因素的影响，表现出的数据更全面也更稳定。但其缺点是有可能放大或缩小未来股息发放水平，对应地，对未来投资价值的判断也会有偏差。

3. 历史成本股息率

历史成本股息率等于一只股票的分红除以这只股票的持仓成本（即当初购买时的股票价格）。该数据有利于检测过去的投资是否成功。

例如，某只股票最近一次的分红为0.5元，该股票此刻的即时价格为10元，持仓成本为8元，那么这只股票的历史成本股息率为0.5/8 = 6.25%。

分红所得一般是现金分红，分红后再看该股票是否在低估状态，如果是在低估状态，那么可以再用分红的钱进行购买，这就是所谓的红利再投入。

如果分红后，该股票不在低估区域，那么我们可以拿这笔分红资金投资其他标的，根据当时的市场品类状况再进行筛选。

很多人容易混淆股息率和分红率，它们之间究竟有什么区别呢？

分红率是指在一个考查期（通常为12个月的时间）内，股票的每股分红除以考查期内公司净利润的百分比。分红率随股价波动而动态变动。

股息率与分红率之间的区别主要有以下两点。

（1）股息率的计算是能够跨年、跨会计周期的，但分红率的计算通常都只在一个会计周期内。

（2）在相同时间维度下比较，股息率的分母是公司的市值（或股票价格），而分红率的分母是公司净利润（或每股盈利）。

5.3 估值的技巧

在投资过程中，估值是不可或缺的重要环节。如何计算出准确的估值是投资过程中的一大难点。除了常规的估值方法外，许多投资大师还总结了自己独特的估值技巧。通过学习这些技巧，我们可以更好地针对自身的需求，挑选更加适合自己的指数基金进行定投，从而达到收益最大化。接下来将为大家介绍盈利收益率法和博格公式法两种特殊方法。

5.3.1 盈利收益率法

巴菲特的老师本杰明·格雷厄姆是一位著名的投资大师，《金融分析师》杂志曾刊登了他的访谈记录。在访谈中，格雷厄姆提出了一项绝妙的选股法。他实践了自己能想到的各种检验方式，考查时间长达50年，结果其投资业绩都大大优于市场整体表现。这个选股法就是本章即将介绍的盈利收益率法。

盈利收益率等于公司的净利润除以公司的股票市值，其结果是市盈率的倒数。它反映了公司在单位股票市值下的盈利情况，也就是我们以当前的价格买入后所取得的收益率。对于大部分投资者来说，收益率是最值得关心的问题，盈利收益率法正好解答了这一疑问。

一般来说，公司的盈利收益率越高，代表该公司的盈利能力越强，也越有可能被低估。对大部分指数基金来说，如果投资者在盈利收益率高时选择开始定投，长期收益将非常可观。所以，投资者要尽可能地在盈利收益率较高时开始定投，在盈利收益率较低时停止定投，甚至卖出，这样才能保证一定的盈利。

盈利收益率法，其实就是绝对估值法的一种应用。

我们前面介绍过，绝对估值法是把一个品种未来的现金流折现到现在，计算所有现金流的现值，如果股价低于它，就说明当前的价格是被低估的，我们可以考虑投资。

这就涉及折现与折现率的概念。

折现是指将时点处的资金的时值折算为现值的过程。资金是有时间价值的，今天的1元和1年后的1元在价值上可能无法等同。如果想要将它们在价值上进行比较，就要把1年后的1元折成今天的价值，即为折现。

折现率是指将未来预期收益折算成现值的比率。例如，折现率为10%，那么1年后的100元就相当于现在的100/（1 + 10%）= 90.9元。2年后的100元就相当于现在的100/（1 + 10%）^{2} = 82.6元。换一个角度理解，折现率就是我们想要的年复合收益率。假如我们想要10%的年复合收益率，那就可以用10%折现到现在，算出一个价格。用这个价格买入并持有，就可以获得10%的年复合收益率。

由此我们可以看出，如果我们要求的年复合收益率越高，使用的折现率越高，那折算到现在的价格就越低，资产出现这么低的价格的机会也会越少。

那么，究竟多高的盈利收益率才值得投资者进行投资呢？格雷厄姆认为，当指数基金的盈利收益率大于10%且大于国债收益率2倍以上时，投资者才应当开始考虑投资。

（1）盈利收益率要大于10%，是使用盈利收益率法买入指数基金的主要规则。格雷厄姆对世界各个国家的股市历史数据进行观察，发现大多数国家的股市在熊市最低点时，市盈率都会在10倍以下，盈利收益率都会在10%以上。也就是说，在市盈率达到10倍以下时，整个市场就已经处于低估状态，如果此时投资者选择买入，未来有很大的概率会获得较高的收益。

（2）格雷厄姆认为，因为国债收益率代表的是无风险收益，所以只有当指数基金的盈利收益率是国债收益率的2倍以上时，我们才考虑进行投资。

相应地，投资者卖出的标准线则为盈利收益率低于债券收益率。

国内债券基金长期的平均收益率在6.4%左右。如果指数基金的盈利收益率不足6.4%，便不如将其卖出，换成更加稳定、风险更小的债券基金。所以，投资者应当在指数基金的盈利收益率低于6.4%时，将其分批卖出，转换到其他产品进行投资。

总结来讲，基于当前国内的利率和基金收益水平判断，投资者利用盈利收益率水平定投指数基金的具体策略如下。

（1）当盈利收益率大于10%时，分批买入。

（2）当盈利收益率小于10%且大于6.4%时，保持不动。

（3）当盈利收益率小于6.4%时，逐步将其卖出。

每位投资者的风险承受能力与风险偏好各有不同，可在此基础上根据自身情况对上述策略进行微调。但需要注意的是，计划一旦确定就不要轻易修改。

一般情况下，盈利收益率在短时间内变化不会太大，不会出现变化很频繁的极端情况。所以，我们只需要在每月定投时查看一下盈利收益率，再根据它当时所处的范围选择相对应的操作即可。

盈利收益率法也有它自身的局限性。

（1）使用条件较苛刻，指数的盈利非常稳定是这个指标使用的前提。这个方法一般仅适用于对蓝筹股指数和大盘股指数等持续稳定盈利且流动性好的指数进行估值。如果指数出现了亏损的情况，盈利收益率法就会失效；如果指数的盈利状态不稳定，那么盈利收益率法的计算结果也会不准确。

（2）必须在同行业内对比，例如将白酒股和科技股放在一起比较，用市盈率判断它们的估值大小，将无法得出有意义的结论，因为不同行业的发展潜力不一样，其增速也是不一样的。

（3）对于个股估值太过局限，比较适合指数估值。指数的成分股数量多，对冲了个股的风险。整个指数的走势只受到市场的影响，只存在系统性风险。

5.3.2 博格公式法

我们都知道盈利收益率法简单有效且可靠，但是缺点是仅适用于盈利稳定的指数估值。对于盈利增长较快或盈利情况波动比较大的指数基金，我们就需要使用另外一种方法——博格公式法。博格公式是指数基金投资中非常有名的公式，通过学习博格公式，我们可以掌握更专业的投资技巧，从而获得更多的收益。

约翰·博格是博格公式法的首创者，被称为"指数基金之父"，是指数基金的创始人，世界上第一只指数基金的发明者，对指数基金有着独特且深入的研究。同时，他也是一位成功的企业家，是基金管理公司"先锋集团"的创始人，掌管着上亿美元资金的运作。他还与巴菲特、格雷厄姆、彼得·林奇并列，被财富杂志评为"20世纪四大投资巨人"。

约翰·博格分析了影响指数基金的几个重要因素，提出了他自己的指数基金收益公式。在投资盈利高速增长或周期变化的品种时，投资者可以使用博格公式。

博格公式适用于大部分指数基金，博格公式如下。

指数基金未来的年复合收益率＝指数基金投资期初的股息率＋指数基金的年市盈率的变化率＋指数基金的年盈利增长率

约翰·博格通过对长期投资经验的积累，分析了指数基金回报的影响因素。他发现影响长期投资回报的主要有三个因素，如图5-3所示。

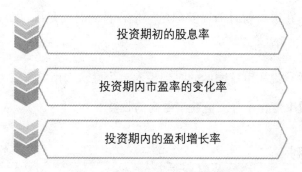

图5-3 股市长期投资回报的三个决定因素

下面介绍投资者应当如何将博格公式和实际投资结合起来。

在应用博格公式进行投资时，我们不需要进行十分复杂的计算。该公式有三个主要变量：股息率、市盈率和盈利。我们使用博格公式进行投资，也就是在研究这三个变量。

1. 股息率

股息率在期初相对比较容易确定。一般来说，指数基金越是低估，股息率就越高。

2. 市盈率

市盈率的变化率属于未来的指标，买入时的市盈率和股息率一样可以直接获得，但未来市盈率走向如何我们无法预测，只能通过历史市盈率预测未来市盈率。从长期来看，市盈率会在一定范围内呈周期性变化。

那么，我们该如何利用市盈率周期性变化的特性呢？首先要统计市盈率的波动范围，然后判断当前市盈率处于什么位置。如果当前的市盈率水平与历史相比处于较低位置，那么它未来有很大概率是上涨的。投资者可以在市盈率较低时买入，获取正收益。但投资者需要注意，市盈率的波动具有较长的周期性，在进行统计时需要限定一个较长的时间范围，最好是囊括2轮牛熊市以上。

投资者只要在市盈率低的时刻买入，等待未来市盈率的上涨，从而获得较大的市盈率变化率，就能获得更高的收益。

3. 盈利

我们无法预测指数基金未来的盈利增速如何，但从长期来看，只要国家经济是长期健康平稳发展的，其盈利增长率一般也就会稳定增长。

因此，在使用博格公式法挑选指数基金时，我们需要注意：一要选择高股息率的基金；二要选择市盈率处于历史较低位置的，也就是低估的基金。买入符合以上两条要求的指数基金，然后耐心持有，等待均值回归，就能大概率保证我们获得不错的收益。

上面说的选择方法适用的指数基金有沪深300指数、中证500指数、创业板指数、红利机会指数、必需消费行业指数、医药行业指数、可选消费行业指数、养老行业指数等。

但有时，博格公式法也会遇到障碍。

如果指数基金背后的公司盈利下滑、处于不稳定的状态，或者盈利呈强周期性变化，就会导致市盈率的分母——盈利，失去参考价值。

例如，前面提到的强周期性行业，在熊市时盈利都会在短时间内大幅下滑，这样市盈率、盈利收益率、股息率等与盈利关系很大的指标就都无法参考了。

在这种情况下，我们可以通过市净率对指数基金进行分析。

前文曾经介绍过，市净率的公式为 $PB = P/B$，其中，P 代表指数基金背后公司的平均股价，B 代表该公司的平均净资产。换算可得：$P = B \times PB$，即指数基金背后公司的平均股价等于该指数基金的市净率乘以公司的平均净资产。所以，在投资期内，股价P的变化主要由指数基金的市净率PB的变化和该指数基金背后公司的平均净资产B的变化决定。

博格公式此时的变种公式为：

未来的年复合收益率＝指数基金每年市净率的变化率＋指数基金每年净资产的变化率

博格公式的变种公式中少了股息率这一成分。因为股息属于公司资产的一部分，所以公司在派发股息后，其净资产值会下降。由此可见，市净率的变化率中其实已经对股息率有了一定的体现。

对于具有强周期性的行业指数，投资者应主要考查其市净率，市盈率只能作为辅助参考。

变种公式主要有以下两个使用条件。

（1）指数基金背后的公司盈利下滑，或者盈利出现周期性变化。

（2）该公司的盈利水平虽然不稳定，但即使在经营困难时也没有出现亏损的情况，公司的净资产价值有一定的保障。

目前适合变种公式的指数主要有证券行业指数、金融行业指数、非银金融行业指数、地产行业指数。

在实际运用变种公式时，我们需要注意，要尽量选择在市净率低时买入，然后耐心持有，等待市净率回归，即可获得可观的盈利。

表5-1　各估值定投策略所适用的指数

策略	适用的指数
盈利收益率法	上证50指数、上证红利指数、中证红利指数、基本面50指数、央视50指数、上证50AH优选指数、恒生指数、H股指数

续表

策略	适用的指数
博格公式法（市盈率）	沪深300指数、中证500指数、创业板指数、红利机会指数、必需消费行业指数、医药行业指数、可选消费行业指数、养老行业指数
变种公式（市净率）	证券行业指数、金融行业指数、非银金融行业指数、地产行业指数

　　如表5-1所示，总结来看，不同类型的指数基金需要投资者使用不同的策略进行投资。例如，投资者在对盈利稳定的指数进行投资时，可以使用盈利收益率法；在对成长型指数进行投资时，可以使用博格公式法；在对周期型指数进行投资时，可以参考博格公式的变种公式。

第 **6** 章

基金买入：

适合新手的基金买入方法

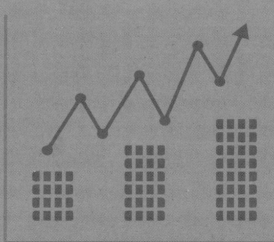

在投资者的投资过程中，收益永远是最优先考虑的要素。本章将从基金定投的入场、开户到方法选择等方面，为投资者提供购买基金的要点指导。

6.1　入场时机很重要

投资者在选定要投资的基金后，还需要通过其长期走势情况判断最佳买入点。投资者应尽量在该基金的大部分成分股都处于低估状态时买入。基金最理想的投资状态是在低估值时买入甚至加仓，估值正常时持有不动，在高估值时卖出。这样可以保证收益的最大化。

6.1.1　做定投，要有"笑"着亏钱的魄力

基金定投的逻辑其实非常简单：持续小额买入，平滑降低成本。大部分投资者之所以亏钱，都是因为买贵了。A股市场一向是熊长牛短。如果投资者买在了市场高点，但在下跌过程中也一直坚持买入，这样也能达到不断压低持仓成本的效果。当市场回升超过不断降低的持仓成本时，投资者就可以获得收益。如果投资者在低点买入，状态便更加理想，在市场上涨时自然可以获得相应的收益。

长期定投可以在很大程度上弱化入场择时错误带来的影响，但这并不意味着择时对收益没有影响，投资者依然应当慎重考虑入场点位。受到环境与波动的影响，很多投资者往往无法很好地调节心理状态，做到冷静定投。如

果一开始的选择就是错的，那么这样的定投持续得越久，结果就会越糟糕。

考虑到投资者的一般忍耐力和股市的起伏周期，基金定投一般以在牛市见顶下跌持续至少两年以后开始为宜，这样可以减轻投资者的痛苦，让投资者更容易继续坚持。投资者应当学会忍耐，忽略短期内阶段性的起伏，不要让扛过了多年市场风险的付出灰飞烟灭，待牛市高点时再一把卖出。

在定投里，有一个重要的概念叫作"微笑曲线"，如图6-1所示。微笑曲线的原理就是越跌越投，平摊成本，降低风险。所以，定投从本质上来看，属于一种择时分散的策略。在微笑曲线中，即使你买入时恰巧在高位，经过市场下跌和长期的底部投入，平均成本也会降低。

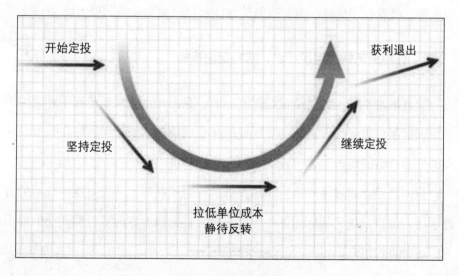

图6-1 定投微笑曲线

微笑曲线是基金定投的一种完美状态，有着理想化的色彩。也正因如此，定投的成功与否，与择时依旧有很大的关联。如果投资者在上涨时不断买入，就会拉高持仓成本。如果投资者先前定投的金额较小，在上涨时翻倍定投，就更是白费了前期的努力，最终很可能导致亏损。

因此，投资者如果想要取得更大的投资回报，就要每次在市场低点买入、在市场高点卖出。因为最低点难以预测，所以我们要联系指数估值，选择低估时定投买入，高估时止盈卖出。

6.1.2 怎样让"微笑曲线"更美丽

"微笑曲线"充满魅力，人人都想要成功绘出自己的"微笑曲线"，达到最好的收益状态。为了达成这个目标，我们一定要调整好自己的心态，制定清晰完整的投资策略，并用自身的坚持与信念完成这一投资过程。基金定投最难之处就在于坚持，也只有坚持才能够让"微笑曲线"更美丽。

1. 在投资前做好定投计划、选好定投标的

投资最基本的一步就是选好投资标的。我们并不须对基金有十分透彻的了解，但至少需要拥有判断将要投资的基金当前的估值如何、好在哪里、现在买是否合适的能力。

我们已经介绍过了许多判断定投标的优劣的技巧，通过对这些技巧的合理运用，筛选出优秀的标的，并坚持定投，在维持大方向不轻易变动的前提下，适时进行规范调整，就已经成功了一半。

此外，进行基金定投需要做出长时间的规划，所以对于投资者来说，制订一份合理的定投计划，对资金进行合理分配是十分重要的。

2. 在投资中调节好情绪

基金定投因为持续时间较长，所以在投资过程中，最重要的难点是投资者的自我情绪调节。在市场低迷时，很多人看着自己的账户亏损金额不断增

加，很难做到理性对待，都想立刻卖出止损，但这样其实很难在定投中获得收益，因为基金定投获利的要点就是通过长期的坚持分摊成本与风险。

3. 在投资后适时止盈

我们一直在强调，做基金定投的时间不能太短，否则无法达到靠时间分散风险的效果，但其实基金定投的时间也不宜太长，我们在定投过程中不仅要懂得面对低谷依然坚持，还需要懂得适时止盈。

投资者可以通过当前的估值水平对基金的状态做出判断。如果它的价格和估值都已经上升到了相对较高的水平，那么投资者就可以开始分批赎回，达到锁定利润的效果。投资者也可以在制订定投计划时，设定一个年化收益目标，达到目标后就可以分批赎回进行止盈。在第七章我们会更详细地介绍一些止盈策略。

在做定投时，所有投资者都必须遵循一个原则，那就是在止盈时不要过度犹豫，要保持坚定的态度。

基金定投贵在坚持。投资者如果想通过这一投资方式赚钱，就一定要精心筛选出优质的基金，学会耐心持有，并提前设置合理的止盈点。

6.2　基金理财流程

介绍了许多关于基金定投的基本概念，以及投资者在基金定投前如何筛选基金、如何进行入场择时等方面的知识，下面就需要了解在具体操作中，我们应该如何完成基金定投，进行基金理财具体有哪些操作流程？接下来将结合具体案例为大家进行讲解。

在进入基金市场后，投资者应该如何选择一款适合自己的基金呢？第一步要看基金的走势图，如图6-2与图6-3所示。

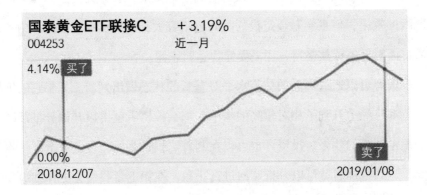

图6-2　走势图分析A

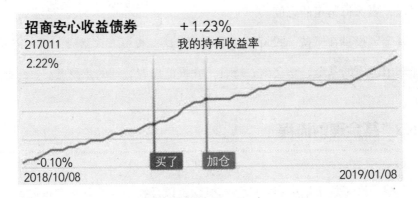

图6-3　走势图分析B

投资者应该观察基金的走势图，遵循"高抛低吸"的原则。通过上图可以看出，基金的净收益越高，风险通常也越大。为了更好地规避风险，投资者在选择基金时要注意观察走势图，如果买入时间恰巧在高点，那么可能会有一阵如坐针毡的阶段。但从图中的稳步上行状况来看，这两只基金虽然利率增长幅度不高，但适合保守的投资者进行稳健投资。

6.2.2 ▶ 基金档案里有什么

除了走势图以外，投资者还应该查看基金的档案，以便了解基金代码、基金成立时间、基金规模、基金经理及其投资理念等信息。例如，从图6-4和图6-5的基金档案中不难看出这两家家基金公司的经济实力和投资成功率。

基金全称	银华汇利灵活配置混合型证券投资基金		
基金简称	银华汇利灵活配置混合A	基金代码	001289
成立日期	2015-05-14	上市日期	--
存续期限	--	上市地点	--
基金总份额(亿份)	21.506(2022-03-31)	上市流通份额(亿份)	21.506(2022-03-31)
基金规模(亿元)	36.15(2022-03-31)	选股风格	大盘一价值型(2022年1季)
基金管理人	银华基金管理股份有限公司	基金托管人	中国工商银行股份有限公司
基金经理	赵楠楠 王智伟	运作方式	开放式
基金类型	混合型	二级分类	激进混合型
代销机构	银行(共14家)	代销机构	证券(共24家)

图6-4　基金档案A

基金全称	长安泓泽纯债债券型证券投资基金		
基金简称	长安泓泽纯债债券C	基金代码	003732
成立日期	2016-11-16	上市日期	--
存续期限	--	上市地点	--
基金总份额(亿份)	2.045(2020-10-22)	上市流通份额(亿份)	2.045(2020-10-22)
基金规模(亿元)	2.24(2020-10-22)	选股风格	--一--(--年--季)
基金管理人	长安基金管理有限公司	基金托管人	上海浦东发展银行股份有限公司
基金经理	undefined	运作方式	开放式
基金类型	债券型	二级分类	稳健债券型
代销机构	银行(共2家)	代销机构	证券（共24家）

图6-5　基金档案B

投资者在选择基金公司时一定要查看基金的档案，了解资产规模。不同基金公司的资产规模也许会相差很大。资产规模小的基金公司，风险承担能力一般会比较弱。因此，对于钱少的投资者来说，选择稳健的、资产规模比较大的基金公司更加靠谱。

除了查看资产规模，投资者还要清楚基金的控股公司。例如，通过百度搜索，投资者可以知道"银华汇利灵活配置混合型证券投资基金A类"的实体控股公司。根据实体控股公司的实力和历史收益情况，投资者可以决定自己是否要购买基金。

在查看了基金的走势图和档案后，投资者就可以着手进行基金交易，具体步骤如下。

1. 填写相关信息

基金公司会为投资者提供信息表和相关证明文件，如资产证明等。

2. 对投资者进行分类

针对投资者的个人情况，基金公司将对其进行分类。不同的投资者可以购买的基金会有一定的区别。此外，通过签订书面风险协议，投资者需要与基金公司一起承担可能出现的风险与后果。

3. 填写风险测评问卷

大多数基金公司都会让投资者填写风险问卷调查，并据此为其推荐合适的基金类型。如果投资者之前做过此类风险评估，有效期会保持在3年以内。一旦多于3年，基金经理在进行基金介绍时，将重新为投资者进行风险评估。

投资者要想进行风险评估，可以打开理财软件。理财软件会自动为其匹配风险评估业务。以支付宝为例，在投资者买入基金前，支付宝会预先跳出相关的风险评估提示。投资者点击进入并完成问卷，就可以得到量身定制的风险评估结果，如图6-6所示。

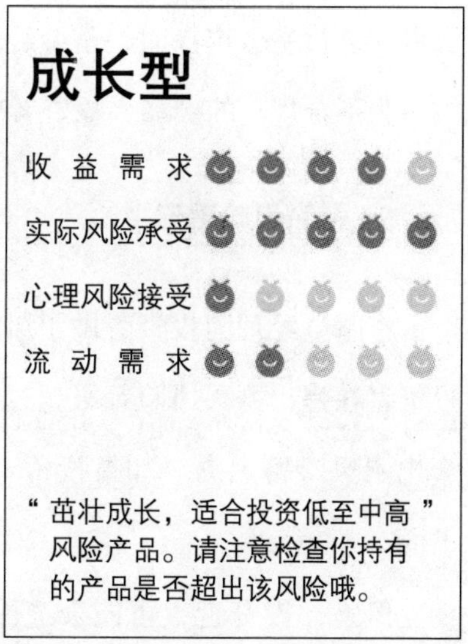

成长型

收　益　需　求

实际风险承受

心理风险接受

流　动　需　求

"茁壮成长，适合投资低至中高"风险产品。请注意检查你持有的产品是否超出该风险哦。

图6-6　支付宝给出的风险评估结果

4. 投资者适当性匹配

除了投资者有相应的风险评估以外，基金也有风险等级划分。《证券投资基金运作管理办法》对市场上的基金进行了风险分类：低风险等级、较低风险等级、中风险等级、较高风险等级与高风险等级。如图6-7所示的基金，这只基金连续三年稳步增值，可以视为中低风险等级（即较低风险等级），同时获得晨星评级满五颗星。

图6-7　某基金的风险等级结果

基金经理会根据投资者的风险评估结果与销售的基金进行匹配。如果投资者在进行基金选择时，基金经理无法提供基金的风险等级，那么该基金将被视为不合规范的产品，投资者应该主动放弃。

5. 签署风险警示书

在基金经理向投资者做了风险警示后，投资者要配合签署风险警示书。投资者在提出购买风险等级超过自身风险测试承压能力的基金时，基金经理会出示风险警示书。如果投资者执意购买，那么基金经理还是会满足其需求的。

但是，投资者很可能会遭受损失，而且这个损失必须由投资者自己承担。因此，如果收到了风险警示书，投资者要做谨慎思考，想一想这只基金是否真的值得购买。

6. 合格投资者确认

在完成风险警示后，投资者需要提供必要的资产证明文件或者收入证明，以证明自己符合购买基金的要求。

7. 冷静期

在双方的交易程序完成后，需要签署基金协议。每份基金协议都有相应的毁约期限，投资者可以在24小时内决定是否要毁约。同时基金经理不得主动联系投资者，也不可以用诱导性术语影响投资者的再次选择。在基金经理回访确认成功前，投资者有权解除基金合同，并拿回自己已经支付的资产。

8. 资料归档

在上述步骤结束后，投资者签署的材料，以及录音、录像等关键性证据会被基金经理保留，保留的期限至少为20年。

基金理财其实就像种树。如果事先不对树本身的生长特性以及当地能够提供的生长环境进行细致而全面的了解，那么很难想象树可以长得根深叶茂。同理，基金能不能产生丰厚的收益，不仅需要投资者的主观愿望，还需要投资者研究基金公司和基金经理。当然，按照相应的流程让基金正常运作，也是投资者的必修课程之一。

6.2.3　常见账户类型及开户方法

一般来讲，基金定投中的常见账户包括以下三种类型。

1. 基金资金账户

基金资金账户是投资者在办理有关基金申购、赎回、红利分配等事项时用于资金收付的账户，即投资者用来开户的个人存折或银行卡。其账号就是存折账户号或银行卡号。

2. 注册登记机构账户

注册登记机构账户即基金TA账户，由注册登记人为投资者建立，主要作用是管理和记录投资者对该注册登记人所注册登记的基金进行的交易，内容包括交易种类、数量的变化情况等。一般来讲，每位投资者在一家基金公司只能开立一个基金账户。

3. 基金交易账户

基金交易账户简称交易账户，由银行为投资者设立，主要用于在该行进行基金交易。投资者如果想要通过银行代销网点办理基金业务，那就必须先开立交易账户。该账户可以记载投资者进行基金交易活动的情况以及所持有的基金份额。

交易账户和基金账户都可以在银行进行线下办理，也可以通过网银自助开户。

易方达基金管理公司是国内知名的基金公司，旗下有一百多只基金产品，品种丰富多样，深受广大投资者喜爱。接下来将以易方达基金为例，为初次购买基金的朋友介绍基金开户的具体操作方法，以下信息来自官方平台介绍。

（1）银行开户

投资者必须携带自己的身份证，到拥有易方达基金代销资格的银行办理存折或者借记卡，并在柜台开设基金账户。投资者在开户后便可以按照销售机构规定的方式准备好投资资金，认真填写并提交申购表，购买已经选择好的基金。

投资者需要注意的是，在某一家银行开户，则只能购买该行所代销的基金产品，选择空间较小。

（2）易方达官网开户

如果投资者已经拥有了易方达官网合作银行的银行卡，则可以选择进入易方达官网执行开户操作。投资者在进入网站后，完成身份信息验证、银行卡绑定，便可以实现快捷开户。开户后，投资者可以在易方达官网直接购买基金。

（3）证券公司开户

投资者还可以持银行卡和身份证到具有代销资格的证券公司营业厅开设基金账户，开户后可以购买该证券公司代销的易方达基金产品。

针对个人投资者，基金开户的办理流程要点如下。

① 投资者需要亲自到证券公司柜台办理基金账户开户，如果要转交他人代办，那么代办人需要提供经过公证的委托代办书、代办人的有效身份证明原件等。

② 办理人在开户时须填写《证券客户风险承受能力测评问卷》。

③ 办理银行三方存管时，办理人须填写《客户交易结算资金第三方存管协议》，同时需要基金账户开户本人携带本人银行借记卡去银行网点柜台确认。

机构投资者办理基金开户的流程和上述个人投资者的开户流程是相同的，不过需要额外提供以下资料。

① 工商行政管理机关颁发的有效法人营业执照（副本）或民政部门和其他主管部门颁发的注册登记书原件及复印件。

② 法定代表人证明书以及法定代表人的身份证复印件。

③ 法定代表人授权委托书。

④ 授权委托人身份证件及复印件。

⑤ 填写一式两联基金账户开户申请表，并加盖公章和法定代表人签章。

6.3 四种标准定投方法

很多投资者认为，定投一定要在固定时间扣款。但实际上，定投共有四种模式，投资者可以根据自身情况任意进行选择。

6.3.1 定期定额定投

定期定额定投的严格定义是，投资者向指定的基金销售机构提出投资申请，并事先约定好每期的扣款日、扣款金额、扣款方式及所投资基金的名称，由该销售机构于约定的扣款日，在投资者指定的银行账户内自动完成扣款及申购的一种基金投资方式。

定期定额定投是基金定投中最常见的一种方法，也是最基本、最简单的一个定投模式。其与大家脑海中比较熟知的传统定投一样，选定一个具体时间，每个时间周期过后都固定扣除一定的金额，因此也被称为平均法。绝大部分基金平台都可以执行定期定额定投计划，设定日期和金额，然后从账户中自动扣款。

这种方法最大的优点就是简单方便、容易上手。它只需要每个时间周期投入相同份额的资金，为投资者提供了一种简单易操作的投资规律，不需要投资者有丰富的投资经验，非常适合刚刚接触定投的新手。

定投新手缺乏投资经验，就可以用这种简单的定投方法约束自己的定投交易行为，在长期的定投过程中感受市场波动，修炼良好的交易心态，通过实践学习交易知识。因此，定期定额定投是所有方法中最容易坚持的一种。

定期定额定投的方法对于资金的要求也是固定的，投资者更容易进行资金管理。但如果投资者的收入波动较大，定期定额定投就不太具备可操作性了。

另外，这种定投方法的缺点还在于货币会贬值，如果投资者的收入在增加，而投资金额一直保持不变，收益将无法实现最大化。当货币贬值后，同样的金额过段时间能买到的基金份额会变少。所以长期来看，在这种定投方法下，我们能够买到的基金会越来越少。这种定投方法也很难针对市场情况进行调整，同时随着投入金额的增加，在投资后期容易出现钝化的情况，即每期增加的投入金额即使越来越多，成本降低幅度也会越来越小。

所以，如果投资者对投资效果有更高的要求，这种定投方法最好不要维持过长时间，每过一两年就可以对定投的金额进行上调，或者对投资策略进行适当调整。

6.3.2　定期不定额定投

定期不定额定投是对传统定投业务的补充。在定期定额方式下，投资者无论在股市高位还是低位都维持相同的投资金额。但总有部分投资者想拥有更大的调整空间，希望可以在股市高位时少买一些、在低位时多买一些。为了满足这类投资者的需要，市场便推出了定期不定额的投资方式。

定期不定额定投是在定投时间或周期不变，但在金额上比较灵活，不再是死板的每次固定的金额，而是根据市场的情况，调整每次定投的金额。

定期定额与定期不定额最主要的差别在于，前者每次的扣款金额是固定的，而后者依赖于市场的波动程度，由投资者在一定幅度范围内自行设定扣款金额，在股市高点时买入较少的基金份额或停止买入，而在股市低点时买入较多的基金份额。

定期不定额定投有许多细分的种类，比较简单的有以下两种。

1. 按收入百分比定投

投资者可以根据每月的收入按一定的比例定制金额，工资增长时投资金额也随之增长，这样就可以弥补定期定额定投的缺点。

2. 根据基金价格调整金额

投资者可在基金价格高时少买，基金价格低时多买，摊低总体成本，上涨时还可以获得更高收益，下跌时也更安全些。这种金额调整方式与按收入百分比定投相比更为常用。

定期不定额定投每期的扣款时间不变，但每期的扣款金额将根据选择的指数和均线进行灵活调整。当证券市场指数低于该指数均线时，系统会按投资者选择的级差自动增加每月扣款金额；反之则自动减少每月扣款金额。即在基金净值较低时增加投资金额，获得更多份额；反之，减少投资金额，从而更好地降低长期投资成本，分散投资风险，获得更好的投资效果。

定期不定额定投是我们较提倡的定投方式，它的优点在于，一方面投资者买得便宜，长期收益更好；另一方面在低估值时定投能大大降低波动，投资者更容易坚持。

不过这种方式的缺点在于，需要投资者学习并掌握一定的基金投资知识，存在投资门槛。但只要经过一定程度的学习和实践，最终定投的效果往往是不错的。

6.3.3 ▶ 不定期定额定投

不定期定额定投是一种不固定具体的期限定投固定金额的投资方法。这样投资者可以实现在低位时加大买入频率的效果，通过这一操作在低位时积累更多的资产。它需要投资者知道市场整体情况，才能更准确地判断应当如何调整投资频率。

这种定投方法使用的人较少，对投资者市场判断能力的要求较高。并且由于投资不定期，每个月定投所需要的金额也没办法确定，投资者需要自己把握流动资金，并控制好仓位。一般投资者在选择这种投资方法前，对市场以及自身投资能力都必须有一定的判断。目前市场的状态如何、自己能承受的市场最低点在哪里等，这些问题都需要投资者事先做好清晰的计划。

因此，这种定投方法的优点非常明显，适合有能力的投资者采用，能有效提高投资效率；缺点也非常明显，对大多数投资者来说，其可操作性不强，受人为影响太大，有很大的失败风险。

6.3.4　价值定投

价值定投即价值平均策略定投，是以市值为目标，要求每个月的市值增加到一个固定的数值。投资者给账户的基金市值设定一个预期目标，每月定投时要保证基金市值达到这个目标。如果基金下跌，达不到预期目标，则增加投入资金补足；如果基金上涨，超出预期目标，那就减少投资或卖出一部分基金以降低市值。

例如，投资者预期每月的基金市值增加1000元，第一个月投资1000元，基金涨了100元，这样所持基金总市值为1100元，所以第二个月只要定投900元，就持有2000元市值基金。第三个月定投时，如基金总市值跌到了1700元，那么投资者就需要投资1300元，这样就能保持第三个月3000元总市值的基金持有量，以此类推。

价值平均策略的便利之处在于有固定的交易规则，投资者只要严格执行就好，不用自己判断底部或顶部，可以降低失误风险。价值平均策略还有一个优点——适合积攒筹码。随着时间的增加，投资者持仓的股票资产会越来越多，这样即使碰到长期慢牛也不怕踏空。

价值平均策略的缺点在于，如果基金短期内大跌，需准备大量资金补仓；如果基金持续上涨，卖出会损失部分收益。

投资最大的忌讳是不能坚持一个明确的方向。无论投资者使用哪种方法投资什么品种，只要能够安全稳定地获得利润就是好的。定投无定法，真理也是有条件的，任何结论的成立都需要前提条件的达成。各类投资方法也需要投资者根据实际情况适时调整，灵活运用。

6.4　不同市场行情的收益有何不同

在基金定投过程中，很多投资者会被不断变化的市场行情搞得晕头转向，对于刚刚接触基金定投的新手来说，更是搞不清楚什么时候进行定投才是最好的选择。接下来我们将针对不同的行情情况，为投资者指明方向。

6.4.1　熊市、猴市、牛市分别的定投时机

牛市与熊市是投资者经常讨论的股票市场行情未来走向的两种不同趋势。牛市代表未来股市行情大概率看涨，前景乐观；熊市代表未来股市行情大概率看跌，前景悲观。猴市又称"震荡市"，即大盘指数"上蹿下跳"的市场，形容股市大幅震荡的情况，一般处于牛市与熊市二者之间的运作状态。从大盘来看它没有一个明确的上涨或下跌方向，市场分化比较严重，展开的波段也较多，所以用它来比喻股市的大幅震荡，如图6-8所示。

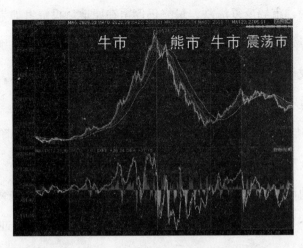

图6-8　牛市、熊市与猴市（震荡市）示意图

以A股为例，接下来我们来讨论熊市、猴市、牛市什么时候定投最好。

A股股市的最大的结构特点就是牛短熊长，大部分时间都是在熊市中度过。猴市"上蹿下跳"，并未出现单边上涨和下跌。它其实就是熊市下跌过程中的反弹阶段，本质上依然属于熊市。在牛市暴涨后，A股市场就长期处于熊市状态，而且指数的整体趋势都是往下的。

虽然在长期下跌的趋势中也会存在反弹的阶段，但时间并不持久，市场上板块分化与个股分化都比较严重。大盘的走势对个股的走势影响很大。基金产品讲求分散投资，而且基金买入的股票很少做短线投资，所以难以出现持续上涨的情况。

熊市就是一直下跌，在此时进行定投，确实能够以越来越低的价格买入，但同时也意味着前期买入的成本会偏高，后面容易出现持续亏损的情况。例如，一只基金从10元开始下跌，一路跌到2元，在这个过程中，10元买入的、9元买入的、8元买入的，在其净值跌到2元时都会是亏损状态。投资者如果无法扛过熊市，最后就只能"割肉"卖出。所以在该阶段，大部分情况都处于亏损的状态，不适合进行基金定投。

在猴市中，市场反复涨跌，最终仍停留在原地。投资者如果在这样的市场状态下进行定投，实际上和初始一次性买入并没有太大的区别。因为买入的成本或高或低，总是围绕一个均值波动，最终仍会回到原点，不会有较大的亏损，但也不会有特别丰厚的盈利。

A股长期熊市过后，必然要迎来下一波牛市，在该熊转牛阶段，投资者可以考虑基金产品的定投。

该阶段的市场一般不会再次出现单边下跌的情况。当指数突然在短期内出现大幅度下跌后，一定会存在资金抄底的情况，随后便会迎来指数逐渐回升。

投资者需要注意，在指数大幅度上涨后或者盘中当日出现大涨后，又会出现回落现象。当日如果不出现回落，下一个交易日很可能会出现走弱的情况。

通过观察历史数据，A股以往四波牛市的震荡磨底时间周期都在两年左右，这段时期很难出现持续性下跌的情况，是投资者定投的最佳时期，能够在最大限度内分散投资风险。

投资者也可以适当改变每次的定投金额。当基金下跌的幅度较大时，投资者可以适当提升定投金额；如果没有出现十分明显的下跌和上涨，投资者再适当降低定投金额；在基金呈现大涨的趋势时，投资者应当警惕，降低定投金额。

牛市期间股市一直在上涨，不断创新高，而且经常大涨。如果投资者在这个阶段定投，看起来似乎在持续创造收益，但也会使买入的成本越来越高，也就是说，虽然牛市一直在上涨，但实际上投资者的总投资成本也在上涨，盈利比例会不断被压缩。一旦见顶突然下跌，投资就会由盈转亏，有很大的风险。

所以，通过以上分析，我们可以得出结论：在牛市阶段，由于上涨时间较短、上涨幅度较大等情况，不合适进行基金定投；熊市长期处于下跌趋势，也不适合进行基金定投；最适合基金定投的时间就是在熊市过后，熊转牛的过渡阶段。

因为这时市场虽然在下跌，但下跌的空间已经不会太大了，投资不会出现太多的亏损，投资者在下跌过程中可以不断地摊低投资成本，从容进行布局。当熊去牛来，股市开始上涨时，基金就开始脱离成本，而这时我们的仓位已经比较重。当牛市快结束时，投资者卖出全部基金，那就可以获得较高的收益。

在上涨过程中，投资者可以制订自己的定投计划，例如，当定投收益达到15%或20%时，结束定投或者卖掉一半，然后继续重新定投。这样在市场波动中，其成本就会被不断均衡，最终收益越来越高，使投资者真正收获定投微笑曲线般的回报。

基金定投是适合大多数人的投资方式，可以有效地平滑市场风险。综合地看，在熊市尾声，熊牛转换周期开始时定投是最好的。当然，熊市、牛市与猴市的周期在处于市场中时很难明确判断，但我们可以从整体跌幅来看。例如，股市从高点跌了很大幅度，跌了很长时间之后，下跌空间不会再大了，那么开始坚持定投就是最合适的。

6.4.2 基金净值波动大，就一定赚钱吗

在基金定投领域，大部分人都听过一个理论：不要投入波动小的基金，要投入波动大的基金；基金波动越大，定投效果越好。所以在波动加大时开启定投，收益会增加。还有一种更为详细的说法：不要定投债券基金，而要投入波动大的股票基金，债券基金适合一次性投入。

这种说法是否正确呢？我们可以通过实际测算寻找答案。

我们通过计算基金每日的收益率，再计算它们的标准差，就可以得到波动率。波动率越高，日收益率就越分散。

接下来我们通过最简化的示例进行计算。首先看第一种状态。

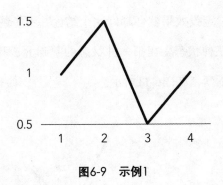

图6-9　示例1

如图6-9所示，在第一种状态下，每日的收益率分别是＋50%、－66.67%、＋100%，波动率为69.83%。假设我们每天定投1元，总计买入基金份额为1/1＋1/1.5＋1/0.5＋1/1≈4.67份，最后的基金净值是1元，所以最终的总资金大约为4.67元，收益大约为0.67元。

接下来再看第二种状态，如图6-10所示，我们将第二天上涨的幅度扩大，其他条件维持不变。

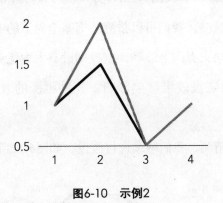

图6-10　示例2

在第二种状态下，每日的收益率分别为＋100%、－75%、＋100%，波动率为82.5%。依然每天定投1元，总计买入基金份额为1/1＋1/2＋1/0.5＋1/1＝4.5份，最终的总资金为4.5元，收益0.5元。

从这两种状态的对比来看，基金的波动增大，收益反而减少了。这说明，基金波动越大，定投效果就会越好这个结论并不是绝对正确的。

我们再来看第三种状态。在第一种状态的基础上，我们增加第三天下跌的幅度，其他条件不变，如图6-11所示。

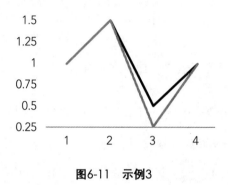

图6-11　示例3

在第三种状态下，每日的收益率分别为 + 50%、 − 83.33%、 + 300%，波动率为158.89%。每天定投1元，总计买入基金份额1/1 + 1/1.5 + 1/0.25 + 1/1≈5.67份，最终的总资金大约为5.67元，收益大约为1.67元。

基于上述三种情况，我们可以猜测：当基金向下的波动大一些时，定投的效果会更好；如果只有向上波动，定投则没有太大优势。并且收益率涨跌的先后顺序也会对定投效果产生影响，先跌再涨的效果一般要好于先涨再跌。

为了验证这个猜测，我们继续进行假设，如图6-12所示。

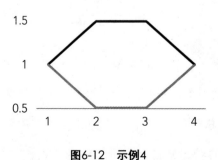

图6-12　示例4

对于上面的深色线来说，向上的波动更大，定投4天买入基金份额为1/1 + 1/1.5 + 1/1.5 + 1/1≈3.33份，最终金额大约为3.33元，亏损了大约0.67元。

而下面的浅色线向下的波动更大，定投4天买入基金份额为1/1 + 1/0.5 + 1/0.5 + 1/1 = 6份，最终金额为6元，盈利了2元。

我们可以推断，在基金首尾净值相同的情况下，基金净值向下波动越大，定投收益就越高。

定投的关键点是通过制定投资纪律，给投资者提供持续投资的勇气和面对市场下跌的平稳心态。这样才能在底部积累足够多的筹码，在市场反弹时获得收益。

从这个意义上来看，我们不应该刻意去寻找波动率更大的阶段，单纯从投机的角度考虑定投，而应该维持一种理性的状态，保持自己的节奏。

所以，定投波动大的基金，确实可以获得更多的收益，无论债券基金还是股票基金，投入在很大概率上是与收入相匹配的。定投债券基金，也是分散风险的一种有效方式。

投资没有对错之分，只有是否合适。适合自己的，就是最好的投资方式。

第 7 章

基金卖出：

合理卖出，不交学费

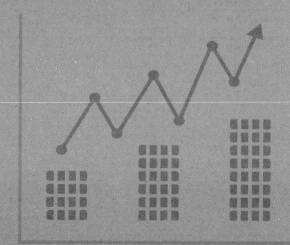

讲解了基金购买前期的准备知识与流程操作，依然还有许多要点等着我们学习。本章将从基金卖出的角度介绍相关的操作规则与注意事项。

7.1 申购、赎回与修改分红方式

基金的申购、赎回与分红方式的修改是投资者必须掌握的基本操作，其中也有一些投资者必须了解的规则，接下来我们分小节对此进行细致讲解。

7.1.1 申购

基金的销售分为代销和直销，代销渠道一般有银行和证券公司；直销则是直接通过基金公司进行买卖，在基金公司的销售部门或者官方网站进行交易。基金申购是指投资者在基金成立后，到选定的基金公司或基金代销机构开设基金账户，按照规定的程序申请购买基金份额的行为。投资者申购基金份额的数量以申购日的基金份额资产净值为基础进行计算。

基金的申购，就是买入。上市的封闭式基金，买入方法与一般股票相同。开放式基金是以投资者想要申购的金额，除以买入当日的基金净值，来得到买入的份额数。

在申购过程中，投资者需要支付申购费。申购费就是指投资者在基金存续期间向基金管理人员购买基金时所要支付的手续费。

目前国内通行的申购费计算方法如下。

申购费＝申购金额×适用的申购费率

净申购金额＝申购金额－申购费

我国《开放式投资基金证券基金试点办法》规定，开放式基金可以收取申购费，但申购费率不得超过申购金额的5%。申购费率一般在1%左右，并且很多渠道会依据申购金额的大小给投资者更多的折扣。基金申购费率指投资者在购买基金份额时所要支付的费用比率。投资者在对不同的基金进行申购时，其申购费率可能会因为申购金额的大小不同而有所区别，在进行预算时应该取最大值。

开放式基金的申购金额一般包括申购费和净申购金额这两部分。国内计算申购费一般是按申购的价款总额（含费用）乘以适用的费率，并从申购款中扣除。因此，一笔申购金额实际可以买到的基金份额的计算方法如下。

申购份数＝净申购金额/申购当日的基金单位净值

这种计算方法的优点在于，在采用"未知价法"的情况下，计算比较简便。此外，由于其一般按申购金额的增加来递减费率，因此能够避免出现在按净申购金额计算时，导致买得少的投资者实际交款高于买得多的投资者的不公平现象。

这种计算方法会使按净申购金额计算适用的费率略高于公布的费率。投资者如果想要了解按净申购金额计算适用的费率，只需做一个简单的换算，公式如下。

按净申购金额计算适用的费率＝按申购金额适用的费率/（1－按申购金额适用的费率）

很多人经常听到另一个概念叫作认购，申购与认购是一回事吗？如果不是一回事，二者之间又有什么区别呢？

开放式基金的认购和申购其实是在基金的两个不同阶段进行购买的说法。

如果投资者在基金募集期购买基金份额，这一行为就应被称之为认购。其每单位的基金份额净值为人民币1元。

如果投资者在基金募集期结束并成立后，再根据基金销售网点规定的手续购买基金份额，这一行为被称为申购。此时由于基金净值已经反映了其投资组合的价值，因此每单位基金份额净值可能高于1元，也可能低于1元。所以，同一笔资产认购和申购同一基金所得到的基金份额可能是不同的。

另外，认购和申购的费率也可能有差别。基金公司通常会根据购买金额的多少，设定不同档次的认购费率和申购费率；在同一购买金额下，认购费率和申购费率也可能有所不同，投资者应以办理时的具体情况为准。

在申购时主要有以下两个注意事项。

（1）一位投资者只能开设和使用一个资金账户，且只能对应一个股票账户或基金账户，换言之，已经开设股票账户的投资者将不得再开设基金账户，否则会给申购和交易造成不便，甚至导致出现不必要的损失。

（2）投资者在完成申购委托后不得撤单。

7.1.2 赎回

赎回又称买回，主要针对的是开放式基金。它是投资者以自己的名义直接或通过代理机构向基金公司要求部分或全部退出基金的投资，并将买回款汇至自己的账户的行为。

关于基金赎回，投资者主要有三个方面的知识需要了解。

1. 先进先出，分批赎回

基金业务中存在一种"先进先出"的原则。它指的是如果投资者多次购买同一只基金，那么在办理赎回业务时，就会按照购买的时间顺序赎回，即先购买的先赎回。

2. "未知价"交易原则

基金的申购和赎回行为一般都遵循"未知价"原则，即投资者在申购、赎回时并不能立刻获知该买卖行为最终的成交价格。申购、赎回的价格只能在交易结束后，以基金管理人公布的基金份额资产净值为基准进行计算，而该数据要于第二天才公布。因此，投资者在当日买卖基金时，只知道上一日的基金份额资产净值，并不知道当日交易的确切价格。

投资市场遵循"未知价"法，是为了避免投资者根据当日的证券市场情况决定是否买卖，对其他基金持有人的利益造成不良影响。

举例说明，如果开放式基金根据当日公布的前一日的基金份额资产净值申购和赎回，那么在当日证券市场价格上涨的情况下，基金份额资产净值也会随之增加，投资者只需要付出较少的资金就可以达到当日上涨后的净值；当证券市场价格下跌时，投资者赎回就可以避免当日净值下跌的损失。

这样就有可能引起部分人的套利行为，使长期投资者的利益受损，同时也不利于基金的稳定操作和基金份额资产净值的稳定。

3. 金额申购，份额赎回

除基金首次发行时认购价格确定为1元外，开放式基金的买卖通常都是采取"未知价"法，加之买卖的基础是基金份额资产净值，所以为了申购和赎回时资金来往公平、方便，我国的基金交易主要采用金额申购和份额赎回的方法。

金额申购指的是投资者在购买基金时要按照购买的金额而不是购买的份

额提出申请；份额赎回则是指投资者在卖出基金时要按照卖出的份额，而不是卖出的金额提出申请。

需要注意的是，通常申购或赎回申请都是在股市结束前，也就是基金份额资产净值还不能确定时提出。

7.1.3 修改分红方式

基金常见的分红方式主要有以下两种。

1. 现金分红

现金分红是一般默认的分红方式，分红款项会直接进入投资者关联的银行账户。

2. 红利再投资

在这种分红方式下，分红的钱会自动变为基金份额，使份额增长。计算公式为：

新增的份额数量＝分红金额/分红日净值

需要特别注意的是，货币基金、理财型基金不能修改分红方式，其分红方式只有红利再投资一种。

以工商银行网银为例，如图7-1所示，如果想修改分红方式，我们需要找到自己持有的基金，点击分红方式，之后弹出对话框，点击确认进行修改。

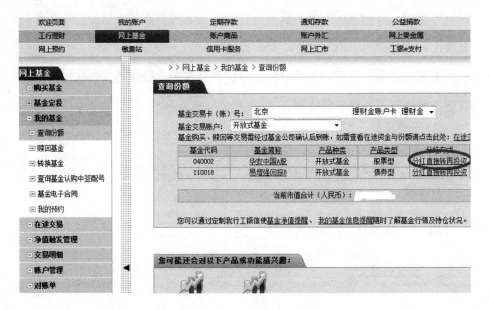

图7-1 工商银行网银修改分红方式界面

7.2 下跌时不要慌

在基金定投过程中，除了面对低谷学会坚持外，投资者还需要学会止盈。一旦达到预期盈利目标，不要犹豫，应当果断止盈，切忌贪心。否则可能原本有盈利的机会，但总是不舍得卖，想再多赚一些，结果不仅失去了之前所有的盈利，甚至还亏掉了本金。投资市场如人生，有舍才有得，学会知足才能常乐。

在买基金前，投资者应该有明确的计划：如何选基金、如何补仓、什么时候止盈、什么时候止损，在未来的投资过程中，则只要严格按照这个计划执行即可。

投资者也要注意，单单依靠一种止盈方法是有风险的。我们不能盲目地认为设置好止盈点后就可以高枕无忧，这样容易忽略重要的行情变化因素。下面为大家介绍四种常见的止盈方法。

7.2.1 最大回撤止盈法

在定投时，投资者通常会设置一个最大回撤阈值。在基金净值上升到最高点后，往往还会下降到一个最低点，这个最低点相对于最高点下降的幅度就是最大回撤阈值。当定投的收益率超过了一定的止盈率时，基金净值的回撤速率就会超过最大回撤阈值，此时投资者应当及时进行止盈操作，从而尽快锁定在牛市中的相关收益。这便是最大回撤止盈法，但需要注意的是，止盈只是对累计投资的数额和收益进行相关操作，并不会终止定投计划。

那么，投资者应当如何使用最大回撤止盈法呢？

一般来讲，其操作方法是在牛市开启后，当定投收益率超过止盈信号线时，投资者应每日监测基金净值（指数收盘价）的回撤，一旦回撤幅度超过了预设的最大回撤阈值，投资者需要立即清仓，锁定牛市定投的收益。

投资者需要注意，即使最大回撤阈值逐渐减小，收益率也并不一定会逐渐提高。出现这种情况的主要原因为，市场是波动起伏的，当最大回撤阈值设立得过小时，投资者很可能会错过当前小幅下降但后续上升迅猛的更大的牛市，从而失去获得更高收益率的机会。因此，最大回撤阈值的设定必须有一个较合适的范围。

最大回撤止盈法主要适用于市场指数不断上涨，点位已接近历史最高点的情形。

同样地，最大回撤止盈法也有其局限性。

（1）最佳的最大回撤点不易确定。如果投资者设定的阈值过小，则容易与之后更大的牛市擦肩而过；反之，投资者要承担的风险也更高。

（2）使用最大回撤止盈法，就意味着投资者卖出的价位一般都是在最高点位后的相对高点，收益并不是最大的。

（3）若止盈信号线设置得过高，投资者便会错失一些小牛市的收益率。所以，止盈信号线的设置要依据个人对收益率的预期。

这种择时需要有极好的运气与极强的判断力，能够在最高点位卖出的人少之又少。因此，能够在相对高点抛出，获得较高的收益已经十分不易，投资者不必过于追求所谓的"最高点位"。

7.2.2　目标收益率止盈法

通过收益率进行止盈是适合大部分股票型基金的止盈方法。这种方法比较简单，设置一个理想的年化收益率目标，当定投的年化收益率达到目标后就开始逐步卖出，无论市场点位是多少，投资者都要严格执行操作方案。

目标收益率止盈法主要适用于对自己的目标收益、风险偏好有清楚认识的投资者。

关于目标收益率止盈法，以下几个要点可供投资者参考。

1. 目标收益率是年化收益率，而不是累计收益率

例如，投资者将目标收益率设置为15%，但连续定投3年的累计收益率才与其相同，这时候就止盈，相当于每年收益率只有5%。

如果按照累计收益率进行止盈，大概率就会停滞在黎明前的黑暗中。所以投资者需要计算年化收益率，这样才不会错过牛市。

同理，如果设定了年化15%的目标收益率，那么定投半年的收益率达到

7.5%就应该进行止盈了。这种情况大概率发生在一波迅猛的上涨中，及时止盈可以防止"坐过山车"。

2. 目标收益率建议设置在15%～20%之间

目标收益率设置得过低，容易频繁触发止盈。例如，我们设置了一个5%的止盈点，市场连续涨几天就可以达到。投资者需要注意赎回费用的问题，例如有的基金持有不满7天就赎回会有惩罚性的1.5%赎回费，超过7天不满1年会有0.5%的赎回费，超过2年才会停止收取赎回费。如果止盈点过低，这方面的费用损耗会非常大。

在投资过程中，止盈目标数值应该随着市场不断调整，我们通常建议为银行类固收产品的3～5倍。

投资肯定要和整体市场挂钩，整体市场的收益率下降，投资者就很难获得高于整体市场水平太多的收益。市场利率下降也会导致大量机构的预期收益率降低，整体投资品种收益下滑。

3. 根据投资品种的波动率设置目标收益率

总的目标收益率有了理想的数值，在此基础上，细分到不同基金，投资者也可以差别对待，做出更精确的设置。

例如，沪深300指数相对稳健，波动比较小，可以设置15%的止盈点；一些5G、芯片等科技基金的波动比较大，可以设置20%的止盈点。以此类推，这样投资者可以实现收益的最大化。

4. 目标收益率止盈法的缺点

在大牛市中根据目标收益率止盈，会损失一部分收益。根据目标收益率止盈，可能最后收益率还不如根据指数估值止盈的方法高。根据估值判断止盈时机，精准度更高。估值止盈法我们会在下一个小节详细讲解。

每个投资者开始定投的点位不一样，最后到达目标收益率的时间必然也是不同的，也许有的人已经进行了止盈，而有的人才刚开始定投，投资者需要提前做好心理准备。

7.2.3　估值止盈法

估值止盈法是最契合指数基金定投的止盈方法，即我们通常所说的"低估买入，正常估值持有，高估卖出"。

指数基金定投的核心是价值投资，漫长的等待就是为了价值回归的那一刻，用估值解决卖出问题是非常有效的方法。

估值指标是判断指数基金是否高估的重要依据之一。

比较常用的估值指标有市盈率、市净率等，不同类型的指数基金对应的估值指标也各不相同，关于估值的内容我们已经在前文进行过详细介绍，这里不再赘述。

例如，中证500指数的历史最高市盈率为91倍，平均最高点位在80倍附近，那么我们可以在市盈率为60倍时，赎回50%的基金份额；在市盈率为70倍时，赎回25%的基金份额；如果市盈率达到了80倍，就赎回剩余全部的基金份额。

估值止盈法本身也有较多的局限性。

它的核心是估值，而估值是把一个行业或者一个宽基指数基金隐形的内在价值显化的做法。它的大多数参考都源于历史百分位或者成熟市场。所以要严格按照高估才卖出的准则，这虽然是收益最大化的做法，但在实际执行过程中难免过于死板。

估值止盈法并不适用于所有指数基金，而更加适用于估值历史走势有规律、未来估值高点容易预测的指数基金。只有当指数基金的估值指标具有十分明显的周期性规律，并且牛市估值可被预测的情况下，估值止盈法才能发挥最大的效果。

另外，市盈率受价格和每股盈余影响，所以当每股盈余涨幅高于价格时，便会出现估值整体下降的情况。因此，确定估值止盈点的难度会更高，需要综合考虑公司未来的经营状况、行业未来的成长空间等因素。

估值止盈法是定投止盈体系非常重要的止盈方法，它的好处是包容度高，在实际运用中，我们可以将它与其他止盈法相结合，以追求更稳定的效果。估值止盈法的目标是收益最大化，搭配其他方法后就需要从理论上舍弃掉一部分利润，以求取更加稳妥的收益。

7.2.4　市场情绪止盈法

市场情绪止盈法，顾名思义，就是按照其他投资者对股市的看法判断市场的情况，在市场情绪空前高涨时，就止盈清仓。它更适合作为辅助方法，要求投资者多关注市场，弥补前几种定量止盈方法的局限，它无关技术面、基本面的分析，只侧重于与人心的博弈。

曾经有一则笑话讲出了市场情绪止盈法的操作概念："当你听到菜市场的一位大妈向另一位大妈推荐该入手哪只股票时，你就该清空自己的持仓了！"巴菲特也曾说过："他人恐惧时我贪婪，他人贪婪时我恐惧。"也就是说，如果大多数人都认为股市能挣钱，并且付出了实际行动开始跟风投资，这对于我们来说就是非常明显的止盈信号了。

市场情绪止盈法看上去很简单，但存在很大的不足之处。既然判断的标准是市场情绪，那么它便无法划出一个明确的界限和指标，投资者难以判断具体合适的止盈时机。毕竟定投的指数基金已经获得不菲的浮盈收益率了，如果此时要果断止盈，实在需要强大的抵制诱惑的自制力。

那么，有没有办法把主观的情况变得相对客观一些呢？

基金换手率、新基金发行量、股票开户数、融资余额等指标可以帮助投资者判断市场是否过热。

另外，市场情绪止盈法与其他止盈方法是互不干扰的，我们可以搭配其他硬性方法完善自己的止盈策略。

每一种止盈方法都有最佳适用背景，投资者不应盲目使用。市场情绪止盈法是理性与非理性的斗争，投资者只有通过不断的学习，才能在非理性的市场中做出更理性的决策。

最后，投资者最好不要过分要求自己卖在最高点，基金定投并不是能够一夜暴富的投资方法。投资者只有不断坚持，并懂得如何止盈，才能成为真正的赢家。

7.3 获利后如何再投资

在进行止盈行为后，我们的投资仍未结束，我们可以将止盈后的资金继续投入到新一轮的市场，那么具体应当如何操作呢？

7.3.1 赚钱了，如何使用

很多人在开始基金定投前都给自己定了小目标。其实在完成了初始的小目标后，我们的投资之路依然可以继续向前，此时应该如何制定赎回后的投资策略呢？一般有以下三种处理方式。

1. 以原有方式继续定投

投资者可以将赎回金额作为本金，以原有方式继续定投。

它的好处在于，投资者依然掌握充足而稳定的可支配资金，所以在面对下一轮定投时，心态会更加稳定，可以安心地等待下一波牛市的到来。

该做法的缺点也显而易见，将上轮定投的赎回金额继续按照原计划定投，由于单次定投金额小，所以全部投放完成的时间会很长。按照我国市场3~5年一个牛市周期的规律，这样即使在最高点止盈也难以获得较大的收益。所以，对于想要尽可能多地累积财富的人来说，缩短定投周期、加大每次的投入是很有必要的。

2. 对原来指数基金加倍定投

在原始定投金额不变的基础上，投资者可以将赎回金额均摊加投。

在下一次牛市到来前，投资者的累积收入同样可以继续用来定投，收益也会比继续采用原定投计划的结果更加可观。之后投资者再将止盈的赎回金额继续投入下一轮定投，这样周而复始、积少成多，"滚雪球"的效果会越来越明显。

3. 增投另一只指数基金

投资者也可以挑选另一只指数基金，以组合的方式继续定投。

定投组合可以化解一定的风险，同时得到稳定的收益。同样地，止盈后增加另一只指数基金形成组合继续定投也可以达到类似的效果。

7.3.2 遇到"倒V曲线"怎么办

有些人在复投时经常会害怕：止盈后再继续定投，会不会买在高位，当了"接盘侠"？这要分成两种情况来讨论。

一般首次开始定投后，如果市场震荡向上，投资者就应当注意结合市场点位和市盈率等因素综合判断。例如，当市场处于高位且估值较高时，如果投资者获得了收益，应当及时止盈，以避免市场反转向下，出现"倒V曲线"，将已有的收益转为亏损。因为此时随着市场不断走高，投资者的成本也是不断抬升的，而且在牛市停留的时间越长，成本越会高位钝化，以后即便市场下跌，对拉低成本的作用也不大。

在牛短熊长的A股市场，出现大级别"倒V曲线"的概率较低。

如果投资者已经定投了一段时间，此时赶上了一波牛市，达到了自己的止盈点。那么专业的投资者可以观察市场，再多持有一段时间，或者分批赎回，尽可能享受牛市收益。非专业、保守的投资者则不用顾虑过多，达到止盈点即可全部赎回，落袋为安，然后再开启新一轮定投。

那止盈后的新一轮定投，有没有可能碰上"倒V曲线"呢？

既然投资者已经达到止盈点，此时市场是一个相对的高位，根据历史经验，大牛市最长也就1~1.5年，也就是说，即便后面还有上涨行情，投资者也只有6~8个月定投在了比较高的位置。

随着牛市过后的快速下跌，投资者仍可以获取更多廉价筹码。之后经过至少2年的定投周期，投资者的平均成本依然不会太高，这也正是定投的魅力所在。接下来投资者需要做的，就是等待下一个大级别反弹甚至下一波牛市的到来。

总之，当达到定投目标后，投资者应该及时止盈，然后开启下一个定投周期，这样才能兑现前面的收益，消除在股市高位筹码过多的巨大潜在风险，这在牛短熊长的A股市场十分必要。投资者在开启新一轮的定投后，就不用惧怕牛市转熊市了，下跌反而有利于搜集廉价筹码。投资者只要耐心等待下一个微笑曲线的右端上升就好，这样就避免了择时的烦恼，只需要确定盈利是否达到赎回出场的标准即可。

第 **8** 章

定投策略：

选好定投方法，无惧牛熊

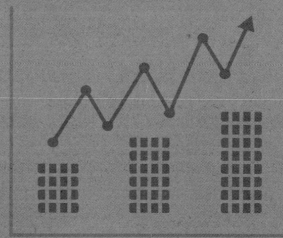

基金定投是所有投资方式中较简单、较好上手的一种。但投资者在制定投策略时依然有很大的发挥空间。优秀的定投策略可以帮助投资者获取更大的收益，以平稳的心态穿越牛熊两市，获得大丰收。

8.1 三种常见的定投策略

每个投资者因为自身不同的投资偏好会有不同的定投策略。对于新手来说，有以下三个十分常见的定投策略可供参考。

8.1.1 网格交易策略

网格交易策略属于量化交易的一种，其核心理念是高抛低吸，成功条件为震荡市场。在此策略下，投资者设定价值中枢，利用"档位"模式对投资标的进行机械式操作，即在下跌时进行分档买入；在上涨时进行分档卖出。

网格交易策略很少依赖人为自主思考结果，仅根据行情的波动状态在网格区间内低买高卖，可以合理控制仓位，避免追涨杀跌，也因此拥有较强的抗风险能力。

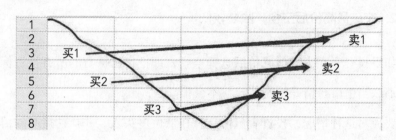

图8-1 网格交易策略

如图8-1所示，每列有8个格子，代表股价涨跌幅度，假设一格为10%；每行有5个格子，代表时间。

按照网格交易策略，我们的交易是这样的：

在一只股票准备入手的价位，第一次跌幅10%时（买1），买入该股票，在股价相对于买1的价位涨幅10%，卖出获利（卖1）；

在一只股票相对于买1的价位再跌10%时，买入该股票（买2），在股价相对于买2的价位涨幅10%，卖出获利（卖2）；

在一只股票相对于买2的价位再跌10%时，买入该股票（买3），在股价相对于买3的价位涨幅10%，卖出获利（卖3）。

一般情况下，如果投资者严格按照网格交易法交易，几乎不存在亏损卖出股票的可能。

网格交易策略主要存在以下四个方面的问题。

1. 跌破最低价，会出现亏损

这个方法在底部震荡区域的安全度更高。市场难以预测，往往会出现投资者意想不到的情况，如果不幸跌破最低价，只能咬牙抗住。一旦发生这种情况，投资者可以把闲置资金抽调过来继续定投，等反弹后将收益卖出，继续网格操作。

2. 突破最高价后空仓，收益较低

如果投资者在突破最高价后选择空仓，即把自己持有的所有投资标的卖出，那么当牛市行情开始时，收益不会很高。

要应对这种情况，投资者只能选择在低位多买入，并长期持有，留有底仓不卖出。除非牛市来临，涨幅疯狂到投资者认为收益高得离谱时才可以卖

出，再用小额资金定投的方法重新积累原始资金作为底仓。

3. 资金利用率不高

市场如果迟迟不进入投资者设置的档位，则过去一年的资金利用率可能只有20%~30%。网格交易策略本来就是逐步买入、分散风险的操作方式。如果投资者想提高资金利用率，只能单笔大额买入，但当价格下跌时，投资者将可能出现没有资金进行操作的状况。

4. 不适合上班族

上班族的时间比较珍贵，难以分配精力进行频繁的交易，更适合选择传统定投或者分批买入的策略。

在实施网格交易策略时，我们可以重点注意以下四点。

（1）对近期市场判断是震荡市场。网格交易策略最适合的市场环境就是震荡市场，单边上涨容易网格卖光，单边下跌则容易网格击穿。

（2）选择低估值有底部的品种。选择低估值有安全边际的产品，可以防止投资标的不断下跌，击穿网格，无资金补仓。

（3）波动率过小的品种不适合网格交易。网格交易的收益率主要取决于品种的波动率。波动越强，触及买入卖出线的可能性就越大，卖出次数越多，兑现出的利润也就越多。

（4）选择"底仓＋网格"模式。"底仓＋网格"模式可以防止投资者踏空。因为有底仓，所以即使投资者对市场环境判断错误，也能够享受牛市的收益；若市场判断正确，剩下用来做网格交易的资金也能够降低成本，帮助投资者长期持有。

8.1.2　低估定投策略

低估定投策略的核心是紧跟市场形势，在低估区域低位多投，高位少投。这样可以把资金投入到相对估值更低的基金上，更有利于未来的增值。操作方法就是在基金估值较低时，增加投资额；反之，则减少投资额。一般如前文介绍，将市盈率作为判断估值的重要指标。

本方法可以让投资者及时得知市场估值状况。我国证券市场的走势与市盈率的高低密切相关。市盈率能比较全面地反映出市场的综合状况，是一个衡量市场高估或低估的良好的基本面指标。

其优点是在价值低估时买入基金会相对安全，在估值回升时也能获得更高的收益率。缺点是单凭估值高低买卖基金会有局限性，投资者还需要多做功课，研究基金的指标、行业前景等。

投资者对待低估的基金不能心急，要做好定投2～3年的心理准备。如果在低估值区域定投3年以上，收益大概率会比较可观。

8.1.3　均线定投策略

均线定投策略在市场上被广泛应用。该策略是投资者在投资中以均线为基准线进行判断：当指数低于均线时，可以加大定投金额；当指数高于均线时，要相应地减少当期的定投金额。同时在此基础上考虑均线偏离度，偏离均线下方越远，投资金额可以越大。

那么，什么是均线呢？

均线就是用统计分析的方法，将一定时期内的股票价格或者指数点位加以平均，并把不同时间的平均值连接起来所形成的一根线。它是可以用来观察个股和指数趋势的一项技术指标。

一般来说，我们常用的均线指标有5天、10天、30天、60天、120天和250天几种。投资者在实际投资中应当如何使用均线定投策略呢？具体步骤如下。

（1）确定要定投的基金。

（2）选取一个和定投基金风格相契合的参考指数。大盘价值型基金中沪深300指数优势明显，小盘成长型基金则可选择创业板指数。投资者可以观察该基金的业绩比较基准是沪深300指数、上证指数、创业板指数、中证100指数还是上证50指数。

（3）设置参考均线。因为定投是着眼于长期发展的，所以投资者尽量不要选择周期太短的均线指标。

（4）执行扣款定投。投资者可在定投扣款日的前一交易日，比较基准指数和长期均线。基准指数在均线上不投资，在均线下再进行投资。

我们可以通过均线和基准指数的比率判断当前市场处于什么状态。当比率为负值时，也就是基准指数低于均线，说明它现在处于低估状态。此时我们可以相应地增加定投金额，实现低吸的目的，以更便宜的价格买入筹码。

当比率为正值时，也就是基准指数高于均线，此时市场趋势开始向上转变，随着市场热度的不断增加，指数会越来越高。在比率上升过程中，投资者要减少定投金额，当比率达到一定数值时，就可以考虑及时止盈。

均线定投策略有一定的专业知识门槛，对投资者要求较高，相比于普通定投，均线定投的过程也要复杂得多，很多情况都需要投资者自己把握，所以耗费的时间和精力更多。

均线定投策略更适合波动较大的震荡行情，这样才能使投资者实现在未来行情翻转时取得较好的收益。如果背离的行情一直没有得到翻转，那么均线定投策略的效果会存在比普通定投效果更差的可能。

8.2　定投问题，一键清空

在基金定投过程中，我们经常会遇到一些令人苦恼的问题，接下来将对一些常见问题进行解答。

8.2.1　买基金总亏钱，怎么办

投资有风险，如果是长期投资，很难做到一直不踩雷。既然从长远来看难以避免亏损，那么投资者就应该提前准备好应对亏损的方案，也称应急预案。在现实的投资过程中，每位投资者都应该有自己的投资应急预案。

1. 提防被二次伤害

出了事故不可怕，可怕的是再发生一些伴生性事故。例如，有些投资者在亏损后会听从基金经理的建议继续买入更多基金，希望新买入的基金可以让自己获利，以弥补自己的亏损。但是，如果新买入的基金也没有升值潜力，甚至大幅度贬值，那么投资者便会经历二次伤害，遭受更大亏损。

所以，当发现投资大额亏损时，投资者一定要保持理性，不能盲目听从基金经理的建议进行再次投资，要有判断能力，谨慎分析再次投资是可以为自己带来收益还是会遭受更大亏损。

2. 及时止损

在投资时，各种因素都具有不确定性。例如，股票上涨还是下跌不确

定，上涨或下跌的幅度不确定，上涨或下跌的时间更不确定，其他投资产品也类似。

投资者投资的最终目的都是获利，但在每年年终盘点时盈利的投资者却并不多。因此，投资者需要常常自我反省，分析亏损的原因。在进行基金定投时，投资者首先应该考虑的不是能够赚多少钱，而是最坏的情况，即是否可以保证成本。投资者要明确自己能够承担的最高亏损比例、最大金额是多少。

不是任何人都能够承担投资失败的风险。投资者必须具备一定的风险控制能力与手段，并且可以考虑这样一个问题：当市场状况不好导致出现一定比例的亏损时，自己能否做到立即止损全身而退？

投资者在投资时，凡事不要只看片面，要从全局考虑，做出财务规划。最重要的是，我们要考虑清楚最坏的情况并及时止损。很多投资者在遇到亏损时往往会选择追加投资，而非止损。

投资者如果为自己设置了止损点，就相当于为自己的投资装上了一根保险丝。如果持续亏损，对于有止损点的投资者来说，只是烧坏了一根保险丝，不会造成重大损失。

很多投资者不及时止损，往往对市场仍抱有幻想。例如，股价明明出现了上涨乏力的状态和卖出信息，这些投资者依然沉浸在幻想中。即使股价出现了下跌趋势，他们也会为自己的股票找种种借口和理由逃避真实的盘口信号，最终导致被套牢。现实的市场是真实而残酷的，投资者如果总是抱有不切实际的盲目幻想，最终只会让自己深陷泥沼而无法自拔。

最后，投资是一件需要长期坚持的事，而投资本身就与风险相关。在投资过程中，我们可能会遇到很多不如意的地方，这时候应当多思考、多学习，不断对原有风险控制体系进行修正，打造一个健康的财务体系。

8.2.2 ▶ 遇到牛市很难吗

错失恐惧症也称"局外人困境"。这一概念最早由作家安妮·斯塔梅尔在美国《商业周刊》上的一篇文章中使用，特指总在担心失去或错过什么的患得患失的焦虑心情。

在毫秒必争的投资交易市场，错失恐惧症几乎成了所有投资者的通病，它正在暗中影响着投资者的决策，动摇着投资者的理性思维。

绝大多数投资者的资产都是在频繁的交易中被损耗掉的。因为这些投资者害怕踏空，害怕错过每一个似是而非的机会。投资者选择的机会越多，出现失误的概率也就越大。只有保持耐心，理性分析每一次变化，等待正确的时机，才可以最大限度地增加我们交易成功的可能性。

错失恐惧症常见的原因有对交易缺乏耐心、对投资没有长期规划、对收益期望过高、对自身投资能力缺乏自信或过度自信等。

如何才能克服错失恐惧症呢？这里有一些简单的技巧，可以帮助我们更好地摆脱它。

1. 过滤器和规则

首先你需要有属于自己的完善的交易系统。交易系统可以提供给我们一个特定的入场、离场、停止、目标设立、交易管理和风险控制的规则。明确的规则将确保我们在交易中有一定的结构性和一致性，规范我们的交易行为。

2. 不在K线❶运行中做决策

投资者需要遵循这个简单的原则：尽量在一条K线运行结束时，进行入场和离场的决策。因为当K线运行到中间段时，投资者很容易被情绪驱动做出不太理智的决策。这个简单而有效的原则能够极大地优化我们的交易状态。

3. 了解自身的系统和时间框架

了解自己的交易系统和时间框架是非常重要的。自己预期每天或每周交易多少次？自己在没有明显交易信号时正常等待的时间或者持仓时间是多少？回测我们的交易日志，寻找这些问题的答案，能够帮助我们冷静下来，对交易行为有更合理的约束。

4. 培养自律和自尊

最后，也是我们每个人都必须做到的事，那就是增强自己的自律能力，培养自信心与自尊心。这能非常有效地帮助我们在交易过程中维持良好、平稳的心态，从而获得成功。

---

❶ K线，其实是根据一段时间内的开盘价、收盘价、最高价、最低价得出来的可以代表这段时间内股价涨跌情况的柱状线。K线本身并不能决定股价涨跌，其主要作用是让投资者更全面、高效地观察股价变化趋势。

8.2.3 市场下跌，一定要大笔买入吗

大部分人都知道，在基金定投市场，行情越下跌，投资者越应该加仓。因为这样就可以用同样的筹码吸纳更多的基金份额，从而拉低整个投资期限内的平均成本。但加仓也是有技巧的。

投资者首先要了解判断是否要为一只基金加仓的前提条件。

（1）投资者选择定投的基金没有长期性的发展问题，其业绩不会长期表现很差或是几乎没有起伏。

（2）在投资者开始做定投前，就已经考虑了加仓的可能，并且对资金做好了充分的计划。

除此之外，投资者还需要了解金字塔投资法。

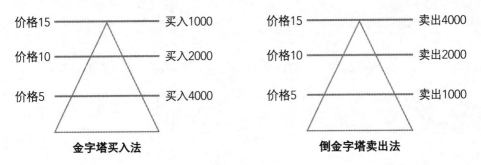

图8-2　金字塔投资法

如图8-2所示，金字塔投资法分为两部分：金字塔买入法和倒金字塔卖出法。金字塔买入法结构为正金字塔形，指投资者应在低价位时买入较大的数额，在价位上升时逐渐减少买入数额，从而降低投资风险。倒金字塔卖出法则指随着价位的上升，卖出数量应逐渐增多，以赚取更多的差价收益。

在基金定投中，我们可以以金字塔投资法为基础，进行以下两种具体的加仓操作。

1. 定比例加仓

投资者可以根据市场行情，预测未来可能出现的总跌幅，然后确定准备加仓的次数，进行平均计算，就能得到每次大概需要加仓的数值。

例如，投资者预计自己定投的基金未来会下跌25%，并且准备加仓5次，那么当基金下跌5%时，就可以进行第一次加仓；下跌10%时，可以进行第二次加仓，以此类推。

2. 技术指标加仓

普通投资者可以充分利用反映超买超卖的技术指标，以决定如何运用金字塔投资法。例如RSI指标数值为20时被视为超卖，而很多股票在跌到30或40时就已反弹。这时便可以利用金字塔投资法，在RSI为40时少量加仓，30时较多地进行加仓，最后20时加仓最多。

此外，投资者也可以使用分批买入法进行加仓操作。

分批买入法指的是在市场下跌时，投资者可以根据下跌的具体幅度，确定每次需要补仓的比例。

例如，投资者可按照分批的第一次买入时点，在每年的第一天买入30%；之后当下跌15%时，加仓30%；当再下跌15%时，加仓40%。在具体实践过程中，投资者可以根据市场环境设置不同的数值。

8.2.4 场内基金vs场外基金

场通常指交易所。简单来说，场外基金交易就是从一手市场进行基金交易，即直接通过基金公司完成交易操作。场内基金交易则大多是通过其他投资者进行的，类似于从二手市场买卖基金。这个过程需要在证券交易所进行，所以又叫作场内基金交易。二者对比情况如图8-3所示。

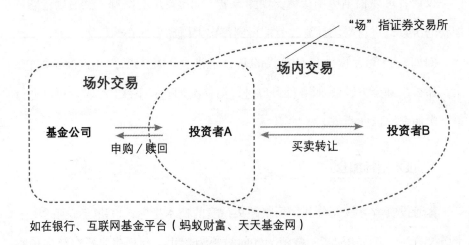

如在银行、互联网基金平台（蚂蚁财富、天天基金网）

图8-3 场内交易与场外交易

理解了场外基金交易和场内基金交易后，我们需要从交易机制、买卖价格、购买途径、交易费用、可购买基金范围和投资门槛六个方面来观察它们的区别。

1. 交易机制

场外交易：需要通过基金公司完成购买，第三方平台上的基金产品背后也是基金公司。

场内交易：在证券交易所于其他投资者处直接购买基金份额。

2. 买卖价格

场外交易：取决于交易日结束后计算出的基金净值，例如，1份基金的价格是1元，买100元的基金就是买了100份。

场内交易：以基金本身的价值为基础，受买卖双方的需求影响。有的基金场内交易火爆，成交价可能会比净值高，即发生溢价；反之则可能会比净值低，即发生折价。具体价格要以成交价格为准。

3. 购买途径

场外交易：购买途径为基金公司、银行、第三方基金代销平台，如支付宝等。

场内交易：购买途径为证券交易所，也就是通过证券账户进行操作。

4. 交易费用

场外交易：混合型基金、股票型基金的费率会比较高，一般在1.2%~1.5%之间，有些平台会有打折活动。

场内交易：主要与券商的交易佣金相关，不同券商的佣金可能不同，目前一般在万分之3左右。

虽然二者费用有差别，但如果资金量不大，最终的差别不会太大。

5. 可购买基金范围

场外交易：市面上的绝大多数基金均可以购买。

场内交易：只能购买特定种类的基金。

6. 投资门槛

场外交易：门槛低，一般10~1000元都可以投资，有的甚至可以1元起投。

场内交易：每笔交易最少100份。由于不同基金的价格不同，如果这只基金每份10元，则最少需要使用1000元。

在不同的情况下，投资者对场内交易和场外交易的优劣势所持有的看法会不同。在选择时我们可以参考以下三点。

（1）看交易成本

场内交易的费用较低于场外交易的费用，可以节约一部分成本，但如果交易金额小，绝对差别并不大。

（2）看操作难易

场内是实时波动的，投资者如果想要控制自己的买卖价格，就需要实时盯盘。场外投资者选择好自己买入卖出的交易日即可，精力消耗较少，且场外部分平台支持设置自动定投，可以在定投日自动扣款，比较简便快捷。

（3）看投资侧重

如果投资者的投资能力强，比较看重买入卖出的价格，想要获取更高的收益，场内交易是不错的选择。而大多数只想跟着基金本身增值获利的投资者，会更加适合场外投资。

8.2.5 可以根据指数的点数买卖基金吗

我们可以简单地将点数理解为指数所包含的成分股的平均价格。

一般来讲，每个指数都会有一个起始点数。例如，上证综指和恒生指数都是从100点开始的。指数公司会统计指数起始的那一天股市上所有股票的总股价，并通常将其设置为100点，也有的将其设置为1000点。

之后如果整个股市上涨了1%，则指数的点数也会上涨1%；整个股市下跌了1%，指数的点数也会下跌1%。例如，恒生指数从20世纪60年代的100点开始，已经涨到了如今的20000点，上涨了200倍；上证综指从1991年的100

点开始，也已经涨到了如今的3000点，上涨了30倍。

那么，为什么指数的点数会长期上涨呢？

我们应该知道，点数＝指数市盈率×指数盈利。

既然点数可以看作是指数对应股票的股价，那么我们便可以将其分解：

股价＝（股价/盈利）×盈利＝市盈率×盈利

我们知道，市盈率是投资中最常使用的一个估值指标。只要公司盈利正常，我们就可以计算它的市盈率。指数中囊括了各行各业的股票，所以从整体上看会有一个总盈利数值。投资者用指数的总股价除以总盈利，就能得到它的市盈率。有时即使市盈率下降，点数依然会上涨，这与盈利的长期上涨趋势有关。

点数可以作为购买基金的一个重要参考指标，但长期来看，投资者还是把目光主要放在指数估值上会更加稳妥。

第 9 章

组合定投：

别把鸡蛋放进同一个篮子里

在投资过程中，我们一直强调要进行投资方式的组合。基金定投时也是一样，我们必须对所投资基金进行符合自身情况的组合搭配。

9.1 用组合定投摊薄风险

我们要明确自己构建基金定投组合的目的，以及如何构建基金定投组合。投资者如果想要做好投资组合，除了要学会分散风险以外，还要尽可能地提高收益率。

9.1.1 投资总会有风险

定投的基金一般都是股票型基金。股市变幻莫测，某个基金业绩好只能代表过去，不意味着今后也能有好业绩。买基金不是头脑一热、随心情进行的行为，而是一个需要我们长期关注和研究的投资行为，要跟着行情变化随时进行调整。放任不管是投资的大忌，而大多数投资者的投资决策与管理能力都是相对缺乏的，很少会主动进行调仓操作。

在基金组合运作过程中，专业投资人员会紧密跟踪市场情况，并及时动态地调整基金组合配置，不断优化基金组合的风险收益比，帮助投资者追求利益最大化。

构建基金组合可以帮助投资者实现1 + 1 > 2的效果。它不仅能够平滑曲线，降低波动，也能够让收益更稳健。从投资者的心理层面来说，组合定投也更容易坚持下去。

9.1.2 用组合投资避免致命打击

"不要把所有鸡蛋都放在一个篮子里"，大多数投资者应该都听过这句话。它警示投资者，不要把所有钱都投入一个产品，这样不利于利用资金和控制风险。将资金分散地投资于不同风险特征的品种，可以最大限度地降低投资风险。定投也是如此，构建基金组合可以规避定投单一产品的潜在风险。投资者需要平衡好各类资产配置，将股票型基金、债券型基金、货币型基金等进行合理搭配，分散投资，降低风险。

当经济环境状况不好时，股市行情也处于震荡状态，个股普遍呈下跌趋势，这时偏股型基金很难有较好的发展。而如果基金组合中配置有固收类基金，那就可以产生对冲效果，抵御系统性风险带来的损失。

固收类基金由债券型基金和货币型基金组成。根据相关规定，债券型基金的资产投资于债市占比不得低于80%。虽然其中也有部分资金投资于股市，但占比较低，对整个基金的影响不会太大。因此，与偏股型基金相比，债券型基金的风险就显得较低。这也是我们要对不同风险系数的产品进行组合的原因。

如果投资者仅仅偏爱某单只基金，那么在市场行情转换的过程中很可能不能及时做出调整，最终导致重大损失。

人们在投资自己认为好的产品时，通常会比较不同的产品，以使投资多样化，降低风险。这个原则同样适用于基金投资。有些基金组合可以通过投资不同风格及行业的基金分散风险，并通过合理的资产配置力争获取超额收益。

9.1.3 减少投资回撤的影响

A股市场的特点是波动大、牛短熊长，所以大部分投资者很难盈利。据统计，散户投资者的回报情况大约为"七亏二平一盈"。通过观测历史行情，我们可以看到股市的波澜起伏，其历史最大回撤值达到了 – 71.76%。散户投资者往往追在高点，亏钱在所难免。

投资者利用股债平衡的原理，在指数高估时增加债券型基金的配置比例，就可以进一步降低回撤比。投资者通过此类基金组合的方式投资，可以有效降低整体资产的波动性，从而实现减少本金回撤的目标。在实际投资过程中，它也能有效缓解投资者的心理压力，更有利于长期投资的稳定进行。

9.2 完美组合，击退风险

组合定投并非盲目地将多种产品拼凑在一起，它依旧有许多需要注意的原则与方法。

9.2.1 关注基金的成长性

我们都明白要优先选择成长性好的公司进行投资，此类公司的股价有可能短短几年就翻几倍甚至几十倍。在这方面，我们可以参考前文介绍过的行业指数基金选择策略。

A股市场的行业轮动较快，投资行业指数基金需要投资者具有一定的判断能力，因此更适合有丰富经验的老手。相比之下，沪深300指数、中证500指数这样的宽基指数基金更亲民，任凭板块如何轮动都有涨起来的机会。

此外，在挑选主动管理型基金时，投资者应尽量选择长期历史业绩优秀的基金。主动管理型基金的业绩主要取决于基金经理和基金投研团队的实力，投资者应当在充分了解基金背景等情况后再买入。

我们一般建议普通投资者选择宽基指数构建定投组合，如大盘蓝筹指数＋中小盘指数；当投资者对主动管理型基金有了一定的了解后，可再考虑加入2～3只能获得超额收益的基金增强投资回报。

9.2.2 配置相关性低的产品

我们对市场上的各类资产进行筛选，通过对近10年的数据进行相关性分析发现，A股和债券为负相关（相关系数为－0.0811），A股和美股、美股和港股相关性也都比较低，如图9-1所示。

不同大类	不同风格	不同地域	不同主题
负相关：A股、债券	沪深300、中证500、创业板指数	A股、港股、美股	消费、证券、新能源、黄金、医疗

图9-1 各类产品相关性总结

因此，我们可以结合这一判断结果，通过构建低相关性的投资组合对冲风险。这样既能保障收益，又能增强安全性。

9.2.3 "核心＋卫星"策略

核心资产的关键在于突出稳妥的特征。那么，具体到基金上，我们如何才能抓住这个特性对基金进行判断呢？

1. 从基金持仓范围来看

投资者可以通过比较基金的持仓范围，判断什么样的基金相对稳妥。

一般来讲，一只基金的持仓行业相对越广，持仓股票越多，该基金的走势会相对越稳，投资者可以将其作为核心资产进行配置。

2. 从行业板块来看

我们通过对历史数据进行分析对比可以发现，从现有的行业状况来看，消费、医药、金融等行业的走势相对来讲会比其他行业更稳。尤其是消费行业和医药行业，历年来的增长表现都相当出类拔萃。

所以，从行业板块来看，消费、医药等行业可以被投资者作为核心资产进行配置。

3. 从同类股票来看

同一行业中的不同基金，因其持仓股票不同，差异也会比较大。一般在同一行业的股票中，龙头股和蓝筹股的涨幅普遍较大且跌幅普遍较小。持仓蓝筹股和龙头股的基金相对会较稳健。

所以，蓝筹类基金、龙头类基金都比较适合作为核心资产进行配置。

通过上述分析，我们可以得出结论，适合作为核心资产配置的基金主要有以下几种类型：宽基指数基金、混合型基金、消费行业基金、医药行业基金和蓝筹类相关基金等。

那么，基金的"卫星"资产应该如何配置呢？

"卫星"资产围绕核心资产搭配，主要特点是小而灵活。具体到基金配置上，"卫星"资产占比会较小，投资策略宜相对激进，从而达到以小博大的效果。即使亏损，因为本金占比较小，也不会影响大局。

在基金类别的选择上，我们可以大致限定以下范围。

（1）行业主动型基金或行业指数基金，包括细分行业的相关基金。

（2）重仓小盘股票的基金或者持仓相对集中在个别行业上的基金。

（3）科技类行业和大部分周期性行业等相对配置比重较大的基金。

（4）持仓股票数量较少、集中度较高的基金。

"核心＋卫星"只是基金的一种简单配置模式，以下针对不同风险偏好的投资者给出了一些建议，投资者可以结合自身情况灵活运用。

（1）保守型的基金投资。保守型的投资者应该把安全性较高的产品作为核心资产，将稳健型的基金作为"卫星"资产进行配置。其中，"卫星"资产配置的比例应该不大于10%。

（2）稳健型的基金投资。稳健型的投资者可以将核心资产分为两部分，一部分参考保守型的投资建议，配置安全性较高的产品，然后将稳健型的基金配置为核心资产的另一部分。二者具体的分配比例依据投资者自身的风险偏好决定。"卫星"资产可配置较激进的基金，比例最好不大于20%。

（3）激进型的基金投资。激进型的投资者可以将稳健型的基金作为核心资产，将激进型的基金作为"卫星"资产进行配置。"卫星"资产配置的比例应该不大于总资产的30%。

4. 疯狂型的基金投资

对于疯狂型的投资者来说，核心资产与"卫星"资产的配置类别应该与激进型的投资者一致，但在配置比例上有所不同。在疯狂型投资方法中，"卫星"资产配置的比例最好不大于总资产配置的40%。

5. 基金配置的其他相关提醒

首先，"核心＋卫星"的基金资产并不意味着要满仓操作，投资者要结合自身的风险偏好控制好仓位。

其次，投资行业的配比要和风险等级相符。

最后是买入时机和赎回的问题。投资者在进行定投时分批买入即可，止盈时机则要结合自己的"卫星"资产盈利幅度和资金投入情况进行判断。

9.2.4 不要贪多，分散资金

用投资组合分摊风险与成本并不意味着投资者持有的基金数量越多，投资效果就一定会越好。

从数学的角度来讲，当我们将投资分散到5个以上不同的投资标的时，即使再增加更多的投资标的，与之相对应的风险分散效果并没有优势，也并不会再产生特别大的改变。

相反，如果投资产品持仓过于分散，即便存在个别基金业绩好，但是由于其权重低，利润空间小，投资回报并不会很高。此时投资者不仅无法获得更高的整体受益，还会增加管理成本。随着投资产品数量的增多，投资者管理基金的时间和费用也会和之前有所不同，很难有精力稳定跟进持仓。另外，持仓基金数量过多还容易出现风格重复、相关性高、资金利用率低等问题。

因此，投资者应在适度集中的基础上进行相对分散、科学地配置组合。如果投资者的资金充裕，那么以定投3~5只基金为最佳。

第 10 章

定投收益：

算出收益，做理性投资者

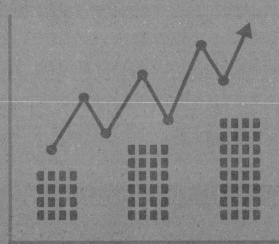

对于新手来说，如何计算定投收益非常重要。通过收益情况，投资者可以更清楚、直观地看出定投计划的好坏，从而进行策略调整。

10.1 定投收益率如何算

定投收益率一般分为累计收益率与内部收益率两类，接下来将分别对它们进行讲解。

10.1.1 内部收益率

内部收益率（IRR）需要使用若干折现率进行测算，直至找到净现值等于零或接近于零的那个折现率。内部收益率是每个投资者都最渴望达到的理想报酬率，是能使投资项目净现值等于零时的折现率。

一般来说，内部收益率越大越好。通常情况下，当内部收益率大于或者等于基准收益率时，则表明该项目是可行的。项目各年现金流量的折现值之和为该项目的净现值，净现值为零时的折现率就是该项目的内部收益率。在项目经济评价中，根据分析层次的不同，内部收益率也有财务内部收益率（FIRR）和经济内部收益率（EIRR）之分。

当下，众多投资者都了解并能够运用多种投资方式，但实际的投资成效如何并不确定。许多人只将目光放在收益的金额上，缺乏更科学系统的判断依据。内部收益率则是个不可或缺的指标。

内部收益率是一个宏观层面上的概念，投资者可将其理解为项目投资收益所能承受的货币贬值、通货膨胀的限度。如某项目的内部收益率为10%，则表示在投资过程中，投资者每年能承受的货币最大贬值幅度为10%。

同时，内部收益率也体现着投资者在实际操作过程中的抗风险能力。如某项目的内部收益率为10%，则表示投资者在实际操作过程中每年能承受的最大风险幅度为10%。

另外，如果一些项目需要贷款，那么内部收益率还可用来表示投资者在进行贷款时所能承受的最高利率。若该项目的经济测算中已经包含了贷款利率，则内部收益率可用来表示在实际操作过程中贷款利率的最大上浮值。

例如，内部收益率以8%为基准，并假设通货膨胀率在8%左右。若贷款利率低于8%，则表示在项目操作完成时，投资者很可能会亏本。由于通货膨胀，投资者以后的盈利很可能无法弥补投入的成本。

内部收益率的具体计算步骤如下。

（1）首先计算其净现值，如果结果是正值，那就要采用这个净现值中更高的折现率进行测算，直到测算的净现值接近于零。

（2）其次继续提高折现率，直到测算出一个净现值为负值。如果负值过大，那就降低折现率后再测算到接近于零的负值。

（3）最后投资者可根据接近于零的正负两个净现值的折现率，用线性插值法求得内部收益率。

投资者在日常计算时，可以利用Excel表格中的IRR函数公式，较简便快捷、易于上手。

10.1.2 累计收益率

累计收益代表了投资者总共赚取的收益。累计收益率的基本计算公式很简单：累计收益率＝累计收益/本金×100%。但如果遇到具体情况，很多人就不知该如何计算了，接下来通过示例分类进行分析。

例1：最基本的投资情况是投资者投入本金买入了一只基金，随着基金的上涨，其持仓金额也在上涨。

此时，累计收益率＝（持仓金额－本金）/本金×100%。

例2：投资者在持有基金的过程中获得了分红，并且以现金分红的方式转出了分红资金，那么累计收益还应该加上分红的金额。

此时，累计收益率＝（持仓金额－本金＋分红）/本金×100%。

例3：情况更复杂一些，整个投资过程不仅有买入行为，还有卖出行为。

这时，累计收益＝持仓金额－所有投入本金＋所有赎回金额。

我们在例1和例2中使用的本金是最大投入本金，也就是从投资者原有的资金中拿出的最大金额。

如果没有卖出行为，那么最大投入本金就等于所有投入的本金之和；如果中间有过卖出行为，那么卖出的金额可以被认为是兑现了收益，也可以被认为是赎回了本金。判定卖出的金额是兑现收益还是赎回本金的一个简单的办法，就是将卖出金额等比例分配。

假如投资者投入本金1000元，其价格涨到了1200元，此时投资者得到的收益率是20%。如果这时卖出600元，那么按照等比例收益率计算，就等同于本金500元加收益100元。赎回后，剩余的持仓部分所占用的本金也相当于是500元。在这个过程中，本金的变化是0元到1000元到500元，因此最大投入本金是1000元。

所以，累计收益率＝（持仓金额－所有投入本金＋所有赎回金额）/最大投入本金×100%。

例4：如果是既有分红，又有多次买卖的情况，虽然看上去更复杂，但其实也只是例2和例3的综合。投资者只需要明确分红只会影响累计收益，不会影响本金，就不难计算。

此时，累计收益率=（持仓金额－所有投入本金+所有赎回金额+分红）/最大投入本金×100%。

如果投资者不想自己计算，也有一个更简便的方法。很多第三方网站都提供了针对累计收益率的计算功能。天天基金网的计算界面如图10-1所示。

请在下列输入框中填写数字，* 项为必填项

*定投基金：	004746	输入定投基金
*定投开始日：	2021-5-1	选择定投开始日
定投结束日：	2022-5-1	选择定投结束日
定投赎回日：	2022-5-1	选择定投赎回日
*定投周期：	每 1 月 ▼	选择定投周期
定投日：	1 ▼	定投日1~28或周一~周五
申购费率：	0	% 例如：1.5
*每期定投金额：	1000	元 例如：500
*分红方式：	○现金分红 ●红利再投	选择分红方式
	□开始日为首次扣款日	请根据实际情况选择

计 算　　　　清 除

计算结果

截止定投赎回日的收益　　　期末总资产包括红利再投或现金分红方式取得的收益

定投总期数	投入总本金（元）	分红方式	期末总资产（元）	定投收益率
12期	12,000.00	红利再投	14,653.33	22.11%

图10-1　天天基金网的计算界面

10.2　盈利时间和收益如何算

计算了定投的收益率，接下来我们需要知道估算定投预计的盈利时间和收益的方法。

10.2.1　基金定投盈利需要等待多久

投资者基金定投该持有多长时间？在很多的专业数据里，都有提到持有基金的理想时间，大部分结论都为3～5年。这个数字主要依据所谓的市场经济变化周期为3～5年，在这个时间长度里，哪怕没有大牛市，也会有一个小牛市来临。

当然，这是理论所测算的内容，实际操作中这个时间有可能会更短。有时2年左右投资者便会有不错的收益，因为整个市场总是跌宕起伏，我们只需要在其形成微笑曲线时卖出即可。

如果行情较好，则持有的时间可能更短。这便涉及买入时间的不同所带来的影响。每个人选择的基金不同，买入的时间点不同，成交的单位净值不同，投入的金额不同，产生的收益都会有差别。

10.2.2　不同频率定投一年分别能有多少收益

一般来说，投资赚钱有两个原因：一是投资对象的增值，二是投资对象被以更高的价格转手卖给他人。基金定投盈利主要靠的是前者。只要投资环境从长期来看有不错的前景，那么投资者定投代表国家经济整体的宽基指数基金，就是能获利的。市场会波动、下跌，甚至会陷入危机，但最终会"复活"。

在市场下跌时，随着定投操作的进行，投资者的平均持仓成本会不断降低，等到市场回暖时，账户就有了浮盈。

定投到底能带来多少额外的回报率呢？

下面将以1万元为投资者所有的本金计算，分10次在递减价格时定额买入，然后在10次购买的均价上卖出，探讨在不同价格波动下，在买入次数均价卖出，额外产生的收益情况。

假设在不同价格波动下，投资者用定额投资方法投资一个周期，然后在10次买入的均价时卖出。当价格波动在10%、20%、30%、40%时，投资产生的额外收益如表10-1～表10-4所示。

表10-1　**基金定投细分（涨跌10%）交易10次**

序号	买入金额	价格（元）	数量	均价（元）	卖出价值（元）
1	1000	1	1000		
2	1000	0.99	1010.101		
3	1000	0.98	1020.4082		
4	1000	0.97	1030.9278		
5	1000	0.96	1041.6667		
6	1000	0.95	1052.6316		
7	1000	0.94	1063.8298		
8	1000	0.93	1075.2688		
9	1000	0.92	1086.9565		
10	1000	0.91	1098.9011		
小计	10000		10481	0.955	10009
盈利		0.09%			

表10-2 基金定投细分（涨跌20%）交易10次

序号	买入金额	价格（元）	数量	均价（元）	卖出价值（元）
1	1000	1	1000		
2	1000	0.98	1020.408		
3	1000	0.96	1041.667		
4	1000	0.94	1063.83		
5	1000	0.92	1086.957		
6	1000	0.9	1111.111		
7	1000	0.88	1136.364		
8	1000	0.86	1162.791		
9	1000	0.84	1190.476		
10	1000	0.82	1219.512		
小计	10000		11033.11	0.91	10040
盈利		0.4%			

表10-3 基金定投细分（涨跌30%）交易10次

序号	买入金额	价格（元）	数量	均价（元）	卖出价值（元）
1	1000	1	1000		
2	1000	0.97	1030.928		
3	1000	0.94	1063.83		
4	1000	0.91	1098.901		
5	1000	0.88	1136.364		
6	1000	0.85	1176.471		
7	1000	0.82	1219.512		
8	1000	0.79	1265.823		
9	1000	0.76	1315.789		
10	1000	0.73	1369.863		
小计	10000		11677	0.865	10101
盈利		1.01%			

表10-4　基金定投细分（涨跌40%）交易10次

序号	买入金额	价格（元）	数量	均价（元）	卖出价值（元）
1	1000	1	1000		
2	1000	0.96	1041.667		
3	1000	0.92	1086.957		
4	1000	0.88	1136.364		
5	1000	0.84	1190.476		
6	1000	0.8	1250		
7	1000	0.76	1315.789		
8	1000	0.72	1388.889		
9	1000	0.68	1470.588		
10	1000	0.64	1562.5		
小计	10000		12443	0.82	10203
盈利			2.03%		

　　由以上4个表中计算的结果可以知道，通过等额定投的方式，在10个不同价格位置买入等额的金额，也就是1000元时，收益结果如下。

　　（1）当涨跌幅度为10%时，额外产生0.09%的收益。

　　（2）当涨跌幅度为20%时，额外产生0.4%的收益。

　　（3）当涨跌幅度为30%时，额外产生1.01%的收益。

　　（4）当涨跌幅度为40%时，额外产生2.03%的收益。

　　通过这组数据可以知道，当价格波动越大时，定投越能有价值体现。鉴于此结果，投资者在挑选基金进行定投时，可尽量挑选价格浮动变化比较大的基金，投资效果能更好。如果是货币基金那种价格稳如一条水平线的基金，定投的结果基本和投资固定收益类产品一样，因价格波动差带来的盈利几乎可以忽略。

第 **11** 章

定投心理：

戒骄戒躁，做有耐心的
"狩猎者"

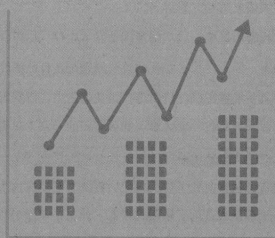

> 基金定投是一场长期的战斗，我们反复强调，想要基金定投取得成功，最重要的就是坚持与耐心。良好的心理素质对于基金定投来说非常重要，只有沉下心、稳住心态，我们才能看到更好的前景。

11.1　正确看待亏损

很多人在投资开始前，总是有很多的顾虑，这些情绪往往来源于对投资风险的不确定，以及对自身投资能力的不信任。为了让基金定投更成功，我们认清现况，调整自己的心态，才便于对症下药。

11.1.1　在投资时不重视保本生存

现在有些投资者认为，亏钱不是最可怕的，最可怕的是错过大赚一笔的时机。然而，投资不是投机，也不是赌博，我们应尽可能提高投资的成功率，而不是一味依靠运气去豪赌。

因此，在投资市场中，成功的基础是保本生存，尽可能地减少错误，这才是投资者的第一需求。保本生存的首要原则是在自己的能力范围内进行投资。投资者要具备能够正确评价所选择企业的能力。投资者不需要耗费大量的精力和时间成为通晓每一家或者大部分公司的专家，只需要能够正确评估在能力范围之内的几家公司即可。

例如，投资标的目前处于哪个行业，投资者就要对这个行业有更多的了解。投资者应当搞清楚自己了解哪些行业，并尽量在能力范围内活动。投资者应该明确一个观点：只有在处于自己的能力范围内时，我们才有可能合理正确地分析企业的持续竞争优势，对企业的内在价值有一个相对准确的估计。

保本生存还要求投资者克服可能经常出现的认知和行为偏差。因为在投资市场上，有一部分投资者缺乏理性，在投资决策过程中，也常常受到各种心理因素的影响，导致大量的认知和行为偏差。

保本生存要求投资者掌握战胜市场的途径。投资者要想在市场中规避风险、保本生存，就要学会利用市场。真正阻碍我们前行的往往不是未来的不可预测性，而是旧有思想的束缚。

保本生存意味着有效地避免风险，而要做到这一点，前提是投资者要比市场更了解自身的投资偏好，以及所要投资基金的现状、前景以及价值。对于长期投资者来说，要想达到减少风险、保本生存的目标，必须看到投资的长期价值。

具体到选择基金上来，则要求投资者根据风险承受能力和预期收益做出具体的决策。此外，投资者还要明确产品是否有保本条款，而不是只听基金经理的口头宣传，在这方面，最重要的就是三个字——看合同。

投资者必须清楚地认识到，在保本的前提下，要使收益达到所谓的"上不封顶"其实很难。为了防范风险，达到保本目标才是最重要的一点。正确的时间做正确的事，投资者要在保本的基础上考虑怎样持续获得收益。

11.1.2 初期亏损不要慌，冷静做判断

习惯了投资固定收益类产品的人，在第一次接触其他种类的产品时，最担心的都是亏损。当知道某种产品并不一定能保本，也没有稳定的预期收益

时，很多人都会恐惧、迟疑，甚至望而却步不敢靠近。

还有一些人受到高收益的诱惑，在投资前低估了自己对投资亏损的恐惧，但当股市下跌、基金亏损、行情变差时，对亏损的恐惧被迅速放大，立刻陷入了自我怀疑。当亏损发生时，投资者的心态在很短的时间内就崩溃了。

对投资恐惧的管理，投资者在投资前应该做好准备。我们要提前采取以下措施，提高我们的风险承受能力。

（1）用3~5年不用的闲钱投资。

（2）适当分散投资，不要重仓赌于一两个投资品种。

（3）控制仓位，使风险控制在可接受的范围内。

除了提高风险承受能力以外，止损也非常重要。止损也叫"割肉"，是指当某一投资出现的亏损达到预定数额时，及时斩仓出局，以避免形成更大的亏损的决策行为。其目的在于当投资出现失误时，把损失限定在较小的范围内。很多人在投资时，即使亏损已经发生，也缺乏及时止损的勇气。

任何一笔投资是否拥有继续持有的价值，都应该基于清晰的投资逻辑。如果投资逻辑没错，那就应该坚守；如果投资逻辑是错误的，那就应该及时止损，使得以较小的代价博取较大的利益成为可能。

止损的理念其实就是"鳄鱼法则"。假设一只鳄鱼咬住了你的脚，如果你试图用手去让你的脚挣脱，那么鳄鱼便会同时咬住你的手和脚。你越挣扎，被咬住的地方就越多。此时，你唯一的机会就是牺牲一只脚。放在投资市场里，就是一旦投资者发现自己背离了市场方向，就必须立即止损，不得存有侥幸心理。

无数的历史事实表明，一次意外的投资失误很可能"致命"，但及时止损能帮助投资者化险为夷。因此，在投资之前，我们需要给自己预设一个止损关键点，它代表了我们能接受的亏损程度，之后在投资过程中，我们必须严格自律地坚持这一预设的止损关键点，防止更大幅度的亏损。

11.1.3　热点只是一时，不要盲目跟风

在投资时，我们应当注意独立思考，抛开羊群心理。一个人云亦云、盲目跟风的人，是很难获得成功的。投资者只有坚持独立思考、独辟蹊径，彻底抛开羊群心理，才有可能获得真正的胜利。

有很大一部分投资者都被那些"金玉其外"的投资规划蒙蔽了双眼，最终损失了一大笔钱。所以，投资者必须找到适合自己的投资策略。

现在基金定投成了热点话题，市场上的基金种类繁多，很多投资者往往还没有搞清楚个中状况，就仓促地开始了投资，选择某只基金的原因也是跟随大众的判断。这充分说明，他们喜欢"跟着羊群跑"，看到别人做什么自己也做什么。

我们要明白，世上没有一种适用于所有人的投资策略，具体的投资策略应当因人而异。投资的要点在于独立思考，寻找真正贴合自身需求的策略。

有关投资的书籍上有很多关于投资规划的建议，会教投资者如何把自己的钱分放在不同的篮子里，也会分门别类地指导投资者投资证券、黄金、期货、债券等，但往往是"纸上得来终觉浅，绝知此事要躬行"。书籍很难帮助我们解决遇到的所有问题，经济学家也并不等同于投资大师。

只有投资者亲自去实践，体验遇到实际问题尝试去解决的过程，才能有所收获。在实践中需要遵守的第一条准则，那就是必须坚持独立思考，抛开自己的羊群心理。

投资需要根据个人情况做出判断，是一件仁者见仁、智者见智的事。无

论投资策略还是思维方式，都没有一个具体的标准，否则复制投资大师罗杰斯的成功似乎就十分容易了。然而，罗杰斯从来就是独一无二的，他的成功不仅依靠那让普通人望尘莫及的巨大财富，还有独有的投资思想和大局观。

我们每个人都是独一无二的，各有自身的特质，形成的投资观念自然千差万别。只要是适合我们自身需求的投资观念，就是正确的，就值得坚持。

11.2 克服焦虑感，理智投资

由于定投的特性，投资者在定投时往往存在不可回避的焦虑感。如何克服这种焦虑感是我们需要认真思考的问题。

11.2.1 提升魄力，回本后可以等一等

关于止盈的问题，前文已经做了一些关于止盈方法的讲解。

一般来说，如果投资者想在中短期内实现盈利，且不奢求盈利过多，那么建议选择日定投，配合小的目标比例，如5%（最低止盈目标）。

若你想提高止盈百分比的目标，如提高到20%，那就可能要花费比较长的时间。如果你不在乎定投时长，也有足够资金可以定投，只是想要追求高收益，那就可以适当地把止盈目标再提高一些。不过，这样做需要很大的耐心和信心。

甚至如果你有能力，还可以反复测试各种指数基金的历史盈利百分比的最大值，看哪个百分比是最有机会实现的。这也是非常好的一种选择。

11.2.2 学会冷静分析，不要随便加仓

投资就要知己知彼，在熟悉并掌握公司的基本情况后再进行投资，会赚得更多。不了解投资对象的情况下，往往只会亏得更多。

巴菲特之所以被人们称为"股神"，得益于他独特的投资眼光。

投资者一般在一家公司的股票大跌时，会提高警惕，找机会抽身逃离。当股票大跌超过30%，不少投资者会认为这就是逃离的大限。但是，巴菲特认为大跌的数字可以超过80%，但前提是投资者对这只股票非常了解并抱有坚定的信心。巴菲特对富国银行的投资就是如此。

从1989年开始，巴菲特就大量买入富国银行的股票，已经持续了20多年，共持超过3亿股，约占该银行发行在外总股本的6.43%。

巴菲特的高明之处就在于，当初购买富国银行的股票时，股价已经大跌超过了82%。一般的投资者是不敢冒这样的风险的。

但是，对于巴菲特来说，由于他对富国银行非常了解，才有会信心在股价狂跌后购买富国银行的股票。此外，巴菲特还有许多看好的公司，如表11-1所示。

表11-1 巴菲特投资的部分公司名单

伯克希尔·哈撒韦	可口可乐	沃尔玛	美国富国银行
耐克	雀巢	箭牌	高盛
华盛顿邮报	吉列刀片	强生	通用电气
美国广播公司	宝洁	麦当劳	通用动力公司
联合出版公司	卡夫	通用食品公司	美国运通

巴菲特认为富国银行是全美市值最高的银行之一，长期以来一直享有良好的声誉，也是美国盈利最多、效率最高的银行之一。这是巴菲特看好富国

银行的重要原因。

巴菲特说，富国银行的优势是组合销售，其他银行的服务水平也无法和富国银行相比。

巴菲特大量买入富国银行的股票，在接受《福布斯》杂志采访时表示："富国银行拥有的管理模式很好，股价水平也比较合理，是优秀的上市公司。买它的股票也可以获得更好的回报。"

金融危机在2008年爆发后，富国银行也受到影响，股价大跌，但巴菲特依然对它满怀信心："富国银行这样庞大的企业具有独特性，将继续坚持走自己的独特之路，这也是我那么看好它的原因之一。而且，我了解富国银行有一个好的经营模式，利润率较高，资金成本要比其他大型银行低，资产管理也做得很好，这就是巨大的优势。当然，决不能忽略富国银行的客户规模，客户才是银行盈利的根源，他们的客户规模在不断增加。我永远看好富国银行。"

专注于了解自己想要投资的领域是投资者应遵循的一个重要的投资方法。但是，在投资时，恐惧和贪婪很容易动摇投资者的信念，市场也会因此产生剧烈震荡。许多投资者因为贪婪而进入不熟悉的领域，以为能大赚一笔，但又因为恐惧而离开。这两种现象在市场中很常见，归根结底就在于投资者对自己投资的领域并不熟悉也不了解，盲目地进入，盲目地逃离，很难获得收益。

投资大师们独具慧眼，他们的眼光并不是心血来潮，他们的智慧在于对整个行业的深刻了解和探究。就像巴菲特，绝不会因为整个市场都说某只股票好，就持有该股票。这都是遵循了"不熟不做，不懂不做"的原则。